MONSIEUR L'ABBÉ LE BOUCHER

ET LA SOCIÉTÉ

DE NOTRE-DAME-DES-CHAMPS

MONSIEUR L'ABBÉ LE BOUCHER

ET LA SOCIÉTÉ

DE NOTRE-DAME-DES-CHAMPS

1887

Hommage aux Bienfaiteurs
de l'Œuvre!

ANGERS
IMPRIMERIE-LIBRAIRIE GERMAIN ET G. GRASSIN
RUE SAINT-LAUD

1888

AVANT-PROPOS

Au moment où nous commençons cette humble brochure, nous avons sous les yeux une petite publication anglaise portant ce titre : *Gems of charity*, Pierres précieuses de la charité.

Nous sommes bien tentés, avouons-le, de nous approprier ce titre en français.

Il semble si bien convenir à notre sujet. Le bon Dieu a si bien coutume de changer en *perles très précieuses* les dons de la charité.

D'autant plus que plusieurs de nos bienfaiteurs, nous en avons la douce espérance, reçoivent près de Dieu, avec notre vénéré fondateur, la récompense de leurs bonnes œuvres.

Outre cette récompense qui leur est personnelle, il est d'autres effets très consolants obtenus par leur dévouement et leur générosité. La gravure placée en tête de la publication anglaise rend sensibles les résultats heureux obtenus par nos Œuvres.

Deux groupes d'enfants y sont représentés. L'un se précipite vers les plaisirs dangereux pendant que l'autre s'achemine gravement vers une chapelle portant ce seul mot : *Patronage*. Ceux du premier groupe passent de cette vie en enfer, où les démons les conduisent, les attendent et les reçoivent : ceux du second groupe, protégés durant leur vie par leurs anges gardiens, sont conduits par eux près de Marie qui les présente à son divin Fils.

Tout commentaire est inutile.

Une dernière remarque.

Une main bienfaisante passe à travers les lettres du mot charité ; elle dépose discrètement une bourse remplie d'or dans les mains d'un prêtre. Ce prêtre n'est autre que le directeur de l'Œuvre, il sourit de bonheur et d'espoir et montre la chapelle et les cours de récréations qui semblent être des vestibules du ciel.

Puisse saint Joseph, patron d'une de nos sections, réaliser en faveur de la Société de Notre-Dame-des-Champs cet idéal de nos Œuvres, en ouvrant plusieurs mains généreuses dans les bourses quêteuses des membres du Conseil d'administration ou des directeurs.

Pour en faciliter les moyens à nos bienfaiteurs et pour témoigner tout d'abord notre reconnaissance, nous commençons ce travail par la liste des membres du Conseil d'administration de Notre-Dame-des-Champs.

Jamais nous n'oublierons les bienfaits sans nombre dont nous leurs sommes redevables.

CONSEIL D'ADMINISTRATION

DE LA SOCIÉTÉ DE NOTRE-DAME-DES-CHAMPS

Président : Mgr Pessard, prélat romain, vicaire général, évêché.

Secrétaire : M. E. Lelong, rue Desjardins, 9.

Trésorier : M. A. Toutain, cloître Saint-Martin, 4.

MM. l'abbé Bazin, curé de la cathédrale, rue Saint-Christophe, 4.

G. de Capol, rue Boreau, 25.

Cassin de la Loge, rue Fulton, 36.

Le baron de Champrel, boulevard du Roi-René, 34.

Le comte de Gautret, boulevard du Roi-René, 37.

René Lelong, rue du Bellay, 41.

L'abbé P. Myionnet, directeur de la Société de Notre-Dame-des-Champs, avenue de la Baumette, 5, et rue Donadieu-de-Puycharic, 9 (cité.)

Eusèbe Pavie, rue Chèvre.

E. Planchenault, boulevard du Roi-René, 23.

Le comte Ch. de Quatrebarbes, rue Corneille, 13.

Le comte Henri de Saint-Pern, boulevard de Saumur, 18.

COMPTE-RENDU

DE

LA CÉRÉMONIE

Le dimanche 5 juin, une nombreuse assistance se trouvait réunie à la Société de Notre-Dame-des-Champs.

C'était une fête de famille, à laquelle de nombreux invités se rendaient, comme à une fête religieuse. Assister à l'inauguration du buste de M. l'abbé Le Boucher, prier pour lui, et écouter son oraison funèbre prononcée par M. le chanoine Picherit, c'était pour tous les invités et les associés une fête et un devoir. Ce fut, pour quelques-uns, un régal d'entendre les paroles éloquentes et pleines de cœur, les heureuses pensées, les délicieux souvenirs exprimés avec un charme et un style incomparables par le sympathique orateur. C'était enfin, pour tous, revivre quelques heures, auprès de celui qui fut le fondateur de la Société de Notre-Dame-des-Champs.

Du haut du ciel, où il a reçu sa récompense, M. l'abbé Le Boucher a dû voir, avec bonheur, les larmes que son cher souvenir, si sentimentalement évoqué, a su faire couler des yeux de ses parents et de ses amis accourus pour le fêter.

Retracer l'image fidèle de ce Père devant ses enfants bien aimés, par une peinture aux vives couleurs, ne pouvait être que l'œuvre d'un vieil ami, ayant suivi, pas à pas, les travaux de celui qui n'est plus, l'ayant aidé de ses conseils et encouragé dans cette lutte pour la vie, lutte ardente et pleine d'écueils quand il s'agit de l'existence d'une Œuvre nouvelle.

L'heure était venue de répondre aux utopies des rêveurs de 1848, et devant un danger social qui apparaissait, alors, dans une laideur moins repoussante que de nos jours, les hommes perspicaces songaient à éloigner l'ouvrier d'un abîme tout ouvert.

D'autres, plus hardis, munis de documents nouveaux, poursuivent aujourd'hui par la création des Cercles catholiques, la pensée féconde de M. Le Boucher : le Soldat a succédé au Prêtre; les deux étaient dignes de se comprendre.

Mais M. l'abbé Le Boucher fut un « précurseur ».

Que d'hommages de reconnaissance, à rendre aux collaborateurs de l'ouvrier de la première heure, et notamment à M. Lecoindre, curé de Saint-Laud, paroisse dont M. Le Boucher était le modeste vicaire.

Combien de fondations intéressantes sont restées dans une obscurité regrettable, faute d'avoir rencontré, à leur origine, la sympathie, l'encouragement, le ressort souvent imprévu mais toujours providentiel qui les fait jaillir du néant. Que fût-il advenu de l'œuvre si palpitante d'intérêt social de M. Le Boucher, si M. Lecoindre, assumant une plus grande partie du ministère paroissial de Saint-Laud, n'avait permis à son jeune et entraînant vicaire de travailler avec plus de liberté, et sans entraves, à la fondation, puis ensuite à l'organisation de la Société de Notre-Dame-des-Champs. Cet hommage était à rendre à une mémoire sympathique et chère encore à bien des cœurs. M. le chanoine Picherit le fit avec toute la chaleur d'une amitié fidèle, datant de loin, hélas ! Après avoir ainsi payé un tribut de reconnaissance à ces deux prêtres vénérés, dont les noms sont intimement liés, et pour toujours, à la création de la Société de Notre-Dame-des-Champs, qui depuis a poussé, partout, de vigoureux et féconds rameaux, M. le chanoine Picherit rappela les noms des collaborateurs plus modestes du jeune vicaire. Il fit l'éloge de ceux qui, par leurs aumônes abondantes, encouragèrent M. l'abbé Le Boucher à poursuivre hardiment ses travaux, à élever un monument digne d'elle à Notre-Dame-des-Champs et à donner un abri, (nous devrions dire un palais) à ceux qui, comprenant la portée de l'Œuvre, s'y associaient et venaient grouper leurs forces, leurs pensées, leurs efforts sous une bannière bien-aimée. Un hommage plus particulier, et bien légitimement acquis, fut donc rendu aux abbés d'Andigné, de Beauvoys, Rabin, Lecoindre et Mgr Bompois, aux PP. Rigot, Hayman, Réchard, de Poulpiquet et Chaignon, tous disparus, et aussi à bien d'autres dont les noms nous échappent et dont, par conséquent, la modestie n'aura pas à souffrir.

Nous pourrons, dans quelques jours, lire avec recueillement cette magnifique oraison funèbre, véritable œuvre littéraire, aux larges vues, dans laquelle l'éloquence et les cris du cœur rivalisent de verve et d'élans pour charmer et attendrir l'auditeur.

Ce fut à l'issue de la messe que ce beau discours fut prononcé. M. l'abbé Myionnet, digne successeur de cette génération d'apôtres qui, comme M. Le Boucher, ont aimé l'ouvrier et la jeunesse honnête et religieuse, avait célébré la messe, le matin, à neuf heures, à l'intention du fondateur de Notre-Dame-des-Champs. Un *Credo*, chanté à l'unisson par tous les sociétaires, a satisfait, complètement, les amateurs de musique sacrée.

L'audition de toutes ces voix réunies, de tous ces chants virils, véritable manifestation d'un acte de vie chrétienne, indiquait que M. Le Boucher était parvenu à son but, et que dans cette chapelle, si pleine d'heureux souvenirs, se trouvait un noyau d'hommes de foi. L'émotion produite par ce chant du *Credo*, toujours si beau et si consolant, se soutint pendant tout le Saint-Sacrifice, entretenue qu'elle fut par l'audition d'autres chants religieux, dont l'exécution et le choix font le plus grand honneur à M. Creuzet.

***

La part étant ainsi faite à la pensée religieuse, qui dominait la fête de ce jour, un banquet réunit tous les sociétaires de l'Œuvre, les administrateurs et les survivants des collaborateurs de M. l'abbé Le Boucher : ayant été à la peine, ils devaient être à la joie d'une fête que personne n'oubliera.

Lucullus dînait quelquefois chez Lucullus ; les maigres ressources des sociétaires ne pouvaient leur permettre de pareils excès. Mais, un généreux et sympathique convive, dont les excellents vins sont encore moins exquis que les sentiments de son cœur, (comme le faisait remarquer avec beaucoup de vérité et d'esprit M. l'abbé Myionnet), avait tenu à nous faire oublier, en partie, cette page de l'histoire romaine.

De Léoville ! de Saint-Émilion ! de Sillery ! tous de grandefamille, s'étaient transportés, ou mieux, vu leur grand âge, avaient été transportés à ce rendez-vous pacifique ; aucun d'eux ne manquait, ils étaient tous là ! dans leur rare fierté, ils nous ont donné un édifiant exemple, celui de se pardonner leur triomphante égalité. Nous ne dirons rien de leur présence à notre cher compatriote, M. Chevreul, qui ne veut pas admettre que c'est à ses vignobles que le Français doit sa franchise et sa gaîté. Cette dernière ne fit pas défaut au milieu de nombreux jeunes gens, devant qui circulaient des mets exquis, dus aux talents émérites d'une cuisinière hors ligne, qui se cachait modestement sous les ombrages de Notre-Dame-des-Champs. Dans cet asile de paix, de recueillement et de plaisir, on découvre chaque jour de nouveaux trésors.

***

A la fin du déjeuner, M. Sommier, l'un des plus anciens sociétaires, prit la parole et, au nom de tous ses amis et confrères, paya à la mémoire de M. Le Boucher une dette de reconnaissance, bien due par tous les sociétaires présents. En termes émus, il s'appliqua à retracer l'esprit propre de M. Le Boucher, *celui de l'apôtre*, son amour immense pour la T.-S. Vierge, sa confiance en elle, confiance qu'il voulait inoculer dans toutes les âmes. Nous espérons relire, un jour, ce discours si précis qui, en peu de mots, renferme de si belles choses et de si pieux sentiments.

M. l'abbé Myionnet prit ensuite la parole et, reprenant une partie de l'oraison funèbre, si magistralement prononcée par M. le chanoine Picherit, il nous rappela que la caractéristique des « sentiments » de M. Le Boucher et sa grande préoccupation, étaient de *n'oublier personne*. Le continuateur de l'œuvre de M. Le Boucher, devait donc considérer comme un devoir tout filial de faire comme son prédécesseur. Mais, comment remplir cette tâche, alors qu'il y avait tant de remerciements à adresser! la liste est, en effet, si longue, des bienfaiteurs de l'œuvre, et de ceux qui, tout particulièrement, avaient contribué à l'éclat donné à cette réunion de la reconnaissance et du souvenir !

Les premiers remerciements étaient dus, assurément, à M. le chanoine Picherit : il venait d'édifier un monument que le papier fixera dans la mémoire de tous, et gravera dans les cœurs, comme, dans nos yeux charmés, ont su le faire M. Rouillard, sculpteur, auteur du buste si remarquablement exécuté, et M. André, chargé de toute la partie décorative. Tous deux, sociétaires de Notre-Dame-des-Champs, ont tenu à ne pas laisser à d'autres le soin de fixer sur la pierre, l'image désormais immortelle, du fondateur de la Société de Notre-Dame-des-Champs.

Devant *n'oublier personne*, M. l'abbé Myionnet adressa ensuite des remerciements bien sympathiques à ceux qui étaient accourus, de partout, embellir de leur présence cette fête de famille : M. Lelong père, toujours fidèle au poste d'honneur qu'il avait choisi lors de la création de l'Œuvre; M. Toutain, au cœur si ardent, si sincèrement attaché à l'Œuvre, et dont l'esprit pétillant comme son excellent vin de Champagne, répand autour de lui la joie et la gaîté; M. de Gautret, dont le nom signifie honneur, charité et dévouement; M. Perrin, le distingué professeur de l'Université d'Angers, si préoccupé des questions sociales; le Frère directeur et le Frère sous-directeur des Frères de Saint-Maurice, qui étaient venus assister à la messe du matin, montrant ainsi l'intérêt qu'ils portent à l'éducation de la jeunesse chrétienne; M. Lelong fils, qui suivra les traces de son père dans une voie toute tracée, et avec toute l'ardeur de sa jeunesse ; M. de Capol, si heureux au milieu des *champs* et des ouvriers qu'il aime avec un dévouement bien connu. Enfin, et comme couronnement de ce tribut du cœur, M. l'abbé Myionnet adressa à la famille de M. Le Boucher, représentée par sa sœur, Mlle Noémi Le Boucher, par sa nièce, Mlle Yvonne Gaudron, par son neveu M. Joseph Gaudron, l'expression de toutes ses félicitations. N'est-ce pas un honneur pour leur famille, que cet élan de tant de cœurs venus pour glorifier, sur cette terre, Celui qui, là-haut, doit prier avec la même ardeur pour sa famille d'adoption et pour ses parents, qui recueilleront, comme un précieux héritage, tous ces honneurs rendus à d'aussi grandes vertus.

M. l'abbé Myionnet crut devoir, après les éloges si mérités et si légitimes rendus au passé, montrer que le présent avait, comme ambition, de suivre son aîné dans une aussi noble carrière. M. Sommier ayant tracé, en termes émus, les travaux d'un passé si fécond, le Directeur actuel devait, conséquemment, faire connaître, en peu de mots, l'Œuvre telle qu'elle existe actuellement, telle que M. Le Boucher peut la contempler, avec ses agrandissements et ses évolutions.

***

A l'Œuvre de *Jeunesse* devaient s'adjoindre une AURÉOLE et une ANNEXE. Sans les anciens sociétaires, dont plusieurs sont devenus patrons, pères de famille et, bien plus encore, des modèles cités par le Clergé des Paroisses dont ils deviennent des auxiliaires précieux, la Société de Notre-Dame-des-Champs serait comme ces Vierges protestantes, représentées par des peintres anglais.

Marie y est reproduite avec toute sa beauté chaste et modeste; mais l'absence d'auréole la prive de l'expression de sa gloire céleste.

Telle serait la Société de Notre-Dame-des-Champs dépouillée de sa *première section* et des familles qui viennent lui donner sa physionomie spéciale, et tout particulièrement intéressante, puisqu'elle relie le passé au présent, la tradition aux idées nouvelles.

L'*annexe* comprend les petits agrégés, fils de sociétaires et les écoliers.

Il en résulte que, dans toutes les sections : hommes faits, adolescents, enfants (futurs sociétaires et espoir de la *Société* comme de la Patrie), l'esprit donné par le fondateur se perpétue, adapté aux différents âges, et s'infuse dans le sang des plus jeunes, comme un principe fécond de vie chrétienne.

Le temps approche où (comme tout dernièrement) il faudra ajouter aux noms des candidats, agrégés et sociétaires de Notre Dame-des-Champs, le qualificatif FILS, pour ne pas confondre deux générations.

Aussi, les pères sont heureux de voir l'Œuvre rester ce qu'elle est et sera toujours, une *grande famille*, où les mêmes devoirs, les mêmes travaux, les mêmes joies se perpétueront, et, avec eux, les mêmes consolations et les mêmes satisfactions, en l'esprit de la famille chrétienne. Les petits monteront en grade, et il faudra, par une excellente conduite, conquérir ceux que confère Notre-Dame-des-Champs. On gagnera ses éperons !

M. l'abbé Myionnet, après avoir ainsi, pour des raisons d'ordre supérieur, développé le plan qu'il poursuit, conformément aux idées premières de M. Le Boucher, et afin d'avoir toujours intacts et solides d'excellents *cadres* sans lesquels une armée n'a aucune force de résistance ni aucune organisation pour la lutte, adressa d'aimables remerciements aux députations de Beaufort et du patronage de Saint-Vincent-de-Paul. Des liens précieux de parenté unissent, on le sait, ces Œuvres à Notre-Dame-des-Champs.

Notre-Dame-de-Beaufort est une sœur puînée, une seconde édition de Notre-Dame-des-Champs ; et ce qui est rare en l'espèce, elle n'a pas eu besoin d'être revue, corrigée et augmentée. Son créateur, qui fut aussi M. Le Boucher, a su, cette fois encore, donner naissance, du premier jet, à une Œuvre parfaite. Si ces deux sœurs sont émules, c'est pour témoigner, aujourd'hui et par delà les temps, leur reconnaissance à leur père commun. Les liens qui les unissent n'en sont que plus indissolubles : elles marcheront toujours les mains unies dans le tendre sentiment d'amitié et de fraternité, qui les attache l'une à l'autre.

Le patronage de Saint-Vincent-de-Paul a des liens analogues. Un des directeurs de Notre-Dame-des-Champs, M. d'Arbois de Jubainville fonda le patronage de Saint-Vincent-de-Paul ; et par un échange d'excellents sentiments de confraternité et de charité, M. le chanoine Fournier fut le directeur intérimaire de Notre-Dame-des-Champs. N'est-ce pas le même sang qui a circulé dans toutes ces Œuvres, pour leur donner la même richesse, le même pouls et la même fécondité. Pour rappeler cette origine commune, M. le chanoine Fournier et M. l'abbé Arthuis ont eu la délicate pensée d'envoyer, comme délégués à la fête mémorable de ce jour, des anciens patronnés qui, quoique jeunes encore, sont de l'époque où M. Myionnet, alors étudiant en médecine, était collaborateur de M. l'abbé Fournier. M. Myionnet exprime le regret qu'il éprouve de ne pas voir auprès de lui, M. le chanoine Fournier et M. l'abbé Arthuis, retenus ailleurs par leurs devoirs sacerdotaux ; il leur envoie, par delà les ponts de la Maine, l'expression de la peine qu'il ressent et ses plus chers souvenirs.

Les délégués de Notre-Dame-de-Beaufort et du patronage Saint-Vincent-de-Paul remercièrent ensuite M. l'abbé Myionnet et les organisateurs de cette fête, du charmant accueil qui venait de leur être fait, et qu'ils n'oublieront jamais. Le souvenir de cette fête charmante, fera longtemps le sujet de leurs entretiens; ils partiront le cœur heureux, et plein de la joie qu'ils éprouvent d'avoir pu resserrer les liens d'une amitié indissoluble, d'avoir senti battre des cœurs amis auprès des leurs, et d'avoir compris mieux que jamais, par la voix de M. le chanoine Picherit, combien est grande et utile, au point de vue moral et social, l'Œuvre à laquelle M. l'abbé Le Boucher a attaché son nom, Œuvre qui survivra à tous les événements parce que Notre-Dame-des-Champs a été, est, et sera toujours sa protectrice.

Ainsi se termina cette charmante fête; et désormais l'image de M. Le Boucher, inaugurée avec éclat, ornera la chapelle édifiée à Marie par M. d'Arbois de Jubainville; une plaque funéraire placée en face du monument de M. l'abbé Le Boucher rappelle le nom et les traits du troisième directeur de Notre-Dame-des-Champs. La parure offerte à Marie par le fondateur était déjà bien belle, M. d'Arbois ne crut pas trop faire en y ajoutant un magnifique joyau gothique dû au talent de M. E.-R. Dusouchay qui a doté le diocèse de si jolies chapelles. Une troisième plaque commémorative placée au-dessous de celle de M. d'Arbois fait connaître que M. Dusouchay fut en même temps architecte et bienfaiteur de Notre-Dame-des-Champs. Placées au milieu des sociétaires, les images de ces deux directeurs leur rappelleront ce que peuvent faire la volonté et l'énergie, unies à la foi du chrétien et au courage de l'homme et du citoyen. Puissent les idées de M. l'abbé Le Boucher trouver partout des partisans ; alors, jaillira du sol de notre malheureuse patrie une légion de jeunes hommes, dévoués à cette *Œuvre* de reconstitution sociale et de confraternité chrétienne, dont l'examen, ouvrant les yeux aux plus aveugles, montrera aux classes supérieures de la société, qu'il est temps de se mettre au travail, pour sauver le *monde ouvrier*.

***

DISCOURS

PRONONCÉ PAR

M. LE CHANOINE PICHERIT

Laudabunt eum in portis opera ejus.
Ses œuvres le loueront aux portes de la Cité.

Qui eût dit, il y a trente-cinq ans, que je prendrais la parole dans la cérémonie qui nous rassemble en ce moment aux pieds des saints autels ? Qui eût pu croire qu'après avoir secondé faiblement sans doute, mais avec un entier dévouement, les premiers essais du jeune vicaire de Saint-Laud dans la carrière sacerdotale, j'inaugurerais le monument qui doit perpétuer ici la mémoire de ses œuvres en présentant à nos regards l'effigie de sa personne disparue, hélas pour toujours ?

Ah ! c'est un cri qui jaillit de mon cœur : Abbé Le Boucher, où êtes-vous ? Je vous cherche en vain dans cet enclos que je vous ai vu parcourir tant de fois, débordant d'activité et de vie. Vous dormez votre sommeil dans la tombe où la mort vous a couché loin de nous ; et moi, votre aîné, qui aurais dû quitter avant vous la terre, me voilà encore debout sur le même champ de bataille où vous avez fait sous mes yeux vos premières armes et conquis votre couronne après de vaillants combats. Encore si votre douloureuse absence causait le seul vide que j'eusse à constater autour de moi ! Mais que sont devenus les collaborateurs dont le ciel vous avait ménagé au début le puissant ou bienveillant concours ? Les abbés d'Andigné, de Beauvoys, Rabin, Lecoindre et Mgr Bompoïs ; les PP. Bigot, Haymann, Richard, de Poulpiquet et Chaignon, tous sont partis les uns après les autres, et je reste seul de cette génération moissonnée, comme le dernier arbre d'une forêt défrichée, attendant le coup de hache qui doit l'étendre sur le sol à son tour. C'est ainsi que Dieu enlève les uns, même avant que le nombre de leurs jours soit rempli, parce que la mesure de leur mérite est comble, et qu'il laisse les autres pour leur donner le temps de grossir épi par épi leur maigre gerbe et leur épargner la confusion de paraître devant le Père de famille les mains absolument vides.

Mais à l'époque dont j'ai à vous retracer le souvenir, les jours de deuil n'étaient pas encore arrivés.

C'était en 1850. La révolution de février avait été un coup de tonnerre ; et comme l'éclair, qui jaillit au milieu de la nuit, d'autant plus éblouissant que l'obscurité est plus profonde, fait apparaître aux yeux du voyageur le précipice que lui cachait l'épaisseur des ténèbres, ainsi la lueur sinistre de cette soudaine tempête, projetant de vives clartés sur l'état latent du pays, révéla à tous l'existence d'un danger que personne ne soupçonnait auparavant. La surprise n'eut d'égale que l'épouvante. Un cri sortit de toutes les bouches : Le peuple! sauvons-nous du peuple, et pour nous sauver de lui, sauvons-le lui-même, ou nous sommes perdus! C'est qu'en effet cet effrayant acteur avait fait sa brusque apparition sur la scène qu'il n'a plus quittée depuis, pour y jouer un rôle de plus en plus important. Et sous quel aspect il s'y montrait! la rage au cœur, la fureur dans les yeux, la menace à la bouche. Fou de haine, altéré de vengeance, le Samson populaire secouait de ses bras puissants les colonnes de l'édifice social pour écraser sous ses ruines une civilisation qu'il accusait de tous ses maux.

En face de ce péril suprême, il se fit, sans entente préalable, comme une coalition instinctive de toutes les forces vives de la société pour arrêter l'envahissement du fléau qui la menaçait d'un désastre complet et prochain.

C'est de cette époque que date le grand mouvement en faveur des Œuvres d'ouvriers. Sans doute il en existait çà et là quelques-unes auparavant. Mais, créations isolées d'un effort individuel, tout en opérant un bien partiel dans les lieux où elles étaient établies, elles ne pouvaient exercer une sérieuse influence sur l'état général de la classe pour laquelle elles avaient été fondées. A partir de 1848, le mouvement, à peine perceptible jusque-là, s'accentue, s'accélère et se généralise. C'est une germination soudaine, une floraison instantanée. Les œuvres surgissent et se multiplient sur tous les points, sous tous les noms, sous toutes les formes. Presque pas de cité importante qui ne désire avoir la sienne ; elles gagnent bientôt les villes secondaires pour s'étendre jusqu'aux simples bourgades au fond des campagnes. Le peuple ouvrier est attaqué avec suite et ensemble ; on fait peu à peu des brêches sensibles dans ses masses profondes, et enfin, dans une ville où, il y a quarante ans, on comptait à peine quelques centaines d'hommes adultes de toutes les classes autour de la table sainte, le jour de Pâques, on a pu voir plusieurs milliers d'ouvriers, avec un empressement grandissant chaque soir, suivre au chant des vieux cantiques une retraite terminée, hors du temps pascal, par de nombreuses communions.

Ce fut au moment précis où se réunissaient des circonstances si favorables que l'abbé Le Boucher arriva à Angers vers le milieu de 1850, à la fleur de l'âge, dans la fraîcheur de son zèle, les mains encore humides de l'onction sacerdotale, le cœur tout imprégné des grâces qu'y avait versées à flots abondants et purs la vertu de l'ordination qu'il venait de recevoir. Je l'ai dit : il n'avait pas créé le mouvement qui se prononçait alors de toutes parts, et à Angers même, sa venue avait été précédée de quelques tentatives, hélas, impuissantes, ou plutôt de simples projets irréalisés. Mais, s'il n'avait pas créé ce mouvement, il sut en tirer parti avec un vif sentiment de la situation et une exploitation habile des moyens de succès dont il pouvait disposer. Si le vent soufflait de ce côté, il eut le mérite d'y tendre aussitôt sa voile : il se lança hardiment vers la haute mer, en bravant les tempêtes et l'inconstance des flots.

L'Œuvre était résolue dans sa pensée, il fallait procéder à l'exécution. Or, à ce moment décisif, un homme pouvait tout arrêter d'un mot. Je ne fais pas ici allusion à l'évêque, à Mgr Angebault dont l'approbation nécessaire avait été donnée tout d'abord au principe de l'Œuvre avec une effusion paternelle, et toujours maintenue depuis sans regret comme sans retour. Je veux parler de M. Lecoindre, curé de Saint-Laud, dont le rôle, dans la fondation de Notre-Dame-des-Champs, n'est peut-être pas assez apprécié parmi nous. Pour les rendre impossibles, il n'avait pas besoin de faire une opposition directe et ouverte aux projets de son vicaire. Il lui suffisait d'exiger de lui, comme il en avait le droit strict, l'accomplissement régulier et intégral de ses fonctions vicariales. L'abbé Le Boucher était aussitôt réduit à l'impuissance ; car astreint sans aucune dispense aux mille détails du ministère paroissial où l'imprévu est si fréquent et les dérangements si nombreux, il n'aurait eu ni le loisir ni la liberté d'esprit nécessaire à la réalisation de ses grands desseins. Mais le mot qu'il pouvait dire, M. Lecoindre se garda bien de le prononcer. Esprit large, cœur plus large encore, et, par ces deux côtés, supérieur à toute préoccupation personnelle, ne voyant que le bien en lui-même, il se félicitait d'avoir auprès de lui un collaborateur qui avait le désir et la capacité d'en faire beaucoup. Il lui accordait sans compter et lui offrait même toutes les dispenses dont il pouvait avoir besoin, poussant la complaisance jusqu'à le remplacer dans l'enseignement du catéchisme et le chant des vêpres. Aussi le nom de M. Lecoindre doit-il être inscrit sur les dyptiques de Notre-Dame-des-Champs parmi ses bienfaiteurs insignes, par cela seul que, n'empêchant rien, il a tout rendu possible.

Muni des approbations les plus explicites et des autorisations les plus formelles, assuré du concours de plusieurs collaborateurs volontaires qui l'auraient au besoin plutôt poussé que retenu, l'abbé Le Boucher pouvait marcher : il marcha.

Il commença par grouper une demi-douzaine d'enfants de treize à quatorze ans, récemment sortis du catéchisme, et sur lesquels il croyait pouvoir compter. Il les réunissait à la cure, portion détachée d'un ancien couvent, qui s'élevait à la place qu'occupe aujourd'hui un parterre fermé par une grille, sur le côté gauche de la nouvelle église. Ils couraient et sautaient dans le jardin que le bon M. Lecoindre leur abandonnait au grand détriment de ses légumes et de ses arbres, et où, avec son consentement tacite, ils étaient devenus plus maîtres que lui. Le soleil couché, ils se repliaient pour se récréer dans la grande salle du rez-de-chaussée. Les beaux jours venus, pendant l'été de 1851, M. Le Boucher les conduisait à Musse, ferme ou closerie qu'il avait louée sur le chemin de la Baumette, à quelques pas d'ici.

Toutefois un état de choses si rudimentaire ne pouvait durer longtemps. A un arbre planté pour devenir grand, il faut assurer l'air et l'espace, et l'on n'établit pas une institution importante sur un terrain étranger. Aussi, dès qu'il vit que les enfants venaient se ranger volontiers sous sa conduite, que leur confiance et leur docilité fournissaient un fondement désormais solide à ses espérances, il songea à donner à son ébauche une forme définitive en acquérant un enclos où l'Œuvre, installée chez elle, pût prendre à l'aise tout le développement que réclameraient ses besoins présents et futurs.

Alors surgit un incident qui faillit tout compromettre. Il s'agissait d'acheter. Mais l'abbé Le Boucher, dépourvu de ressources personnelles, était hors d'état de le faire par lui-même, et, d'un autre côté, il n'avait pas encore eu le temps d'acquérir auprès de la société angevine assez d'influence pour fournir une de ces garanties morales dont un propriétaire heureux de vendre veut bien quelquefois se contenter. Seul l'abbé d'Andigné pouvait être le donateur ou la caution du prix exigé ; car, sans avoir une grande fortune, il jouissait d'une très large aisance, et en outre, par son nom, par ses relations, il était à même de trouver des sommes importantes dans la haute classe où sa naissance lui donnait un rang distingué. Or l'abbé d'Andigné s'était épris d'un site magnifique, il est vrai, mais à si grande distance de Saint-Laud que toute coopération à l'Œuvre était physiquement impossible pour un vicaire de cette paroisse. A l'émission de cette idée inattendue, voyant s'évanouir en un instant des plans si laborieusement étudiés, des espérances si chèrement caressées, l'abbé Le Boucher, pris d'un vif chagrin, éprouva un moment de découragement. Mais, réagissant contre cette première surprise de la nature, il courut chez le P. Chaignon, son conseiller habituel dans les cas difficiles. Arrivé là, l'émotion lui coupa la parole ; il pria l'ami qui l'accompagnait de la prendre à sa place. Celui-ci plaida chaleureusement sa cause, et fut assez heureux pour la gagner. Le P. Chaignon, mis au courant de la question, se déclara convaincu, intervint auprès de l'abbé d'Andigné qui abandonna son idée sans grande résistance, et l'on acheta, finalement, l'enclos où nous sommes aujourd'hui.

Cet enclos était loin d'avoir alors l'étendue et l'aspect qu'il offre actuellement aux yeux. On y accédait du côté de la Baumette par une pente raide dont la crête venait presque affleurer le terre-plein où s'élève aujourd'hui le grand bâtiment. A droite, il s'arrêtait court à quelques mètres de la chapelle actuelle, surplombé par un champ appartenant à M. Textoris. A gauche, il était borné par un jardin qui occupait l'emplacement complanté d'arbres où se dresse le gymnase et se jouent ordinairement les parties de barre et de ballon. Ce jardin, toutefois, ne tarda pas à être ajouté à la propriété. Je me rappelle la fête qui fut donnée peu de temps après cette adjonction. Elle était bien simple. Quelques banderoles, quelques lanternes vénitiennes suspendues aux branches : c'était à peu près tout. La vraie fête était dans les cœurs. Un enfant qui courait depuis quelque temps dans les allées, les cheveux au vent, tout en sueur, vint se jeter tout à coup dans mes bras, en s'écriant : Mon Dieu ! que je suis heureux ! Ah ! me dis-je à moi-même, tout ému, quand on a le cœur pur, qu'on est heureux à peu de frais ! A l'endroit où se dessine le parterre anglais que domine le groupe des saints Donatien et Rogatien, et s'allongeant environ jusqu'à l'alignement des arbres qui forment le côté droit de la grande allée, s'élevait la maison de maître, composée d'un rez-de-chaussée avec grenier au-dessus.

Tel était le champ d'opération où l'abbé Le Boucher allait déployer son activité et son zèle. Il se mit aussitôt à l'œuvre avec la double ardeur du jeune homme et du prêtre, en y joignant le talent d'organisation qu'il possédait à un haut degré. La maison fut appropriée sur le champ à ses divers services. Le grenier fut réservé aux représentations de petits drames que jouaient de loin en loin des acteurs bien novices, avec des paravents pour coulisses, au risque pour eux et les spectateurs de se heurter la tête contre les poutres qui soutenaient la toiture. Le rez-de-chaussée fut partagé entre le cabinet du directeur, une salle de jeu et la chapelle qui ne tarda pas à l'envahir presque tout entier. Humble chapelle, quel doux souvenir elle a dû laisser dans votre cœur, à vous qui êtes venus prier dans sa modeste enceinte !

C'est là que vous avez entendu tour à tour la parole ardente du P. Chaignon, les instructions solides du P. Bigot, les vives allocutions du P. Hayman, la voix douce et persuasive du P. Richard. Oh! que de grâces y ont été reçues! que de saintes impressions ressenties! que de bonnes résolutions prises! quels germes vivaces de foi et de piété jetés dans les âmes! Ce pauvre sanctuaire a été, en toute vérité, pour plusieurs le berceau de leur vie spirituelle, et je ne doute pas que, chrétiens aujourd'hui formés, ils ne reportent de temps en temps avec émotion leur pensée vers lui, de même que le jeune homme jette quelquefois un regard attendri sur la petite et étroite couche où, enfant, il a gouté ses premiers sommeils et où il croit voir encore l'empreinte de la main maternelle qui l'y a si doucement endormi.

Cependant l'Œuvre prenait un accroissement rapide. Les enfants affluaient de toutes parts; ils accouraient des points les plus éloignés, sans tenir compte de la distance, de Saint-Serge, de Sainte-Thérèse, de la Madeleine, de Saint-Léonard, et, leur nombre grossissant chaque jour, ils semblaient dire à leur directeur comme les fils de Jacob: Faites-nous de la place, dilatez vos tentes, *dilata tentoria tua*. Sous la pression de ce mouvement, l'abbé Le Boucher se décida à construire le grand bâtiment dont le plan fut confié au talent éprouvé de M. Dussouchay, et la première pierre posée et bénite par Mgr Angebault en 1853. Le prédicateur chargé de porter la parole en cette circonstance avait pris pour cadre de son discours le psaume *Fundamenta ejus in montibus sanctis* ; et il appuya principalement, dans son commentaire, sur les passages suivants du texte sacré : *Diligit Dominus portas Sion super omnia tabernacula Jacob* ; le Seigneur chérit Sion par dessus tous les autres tabernacles de Jacob. *Ipse fundavit eam Altissimus ;* c'est le Très-Haut lui-même qui l'a fondée. *Numquid Sion dicet : Homo et homo natus est in eâ ;* Sion ne dira-t-elle pas un jour que des hommes et encore des hommes sont nés dans son sein ? *Sicut lætantium omnium habitatio est in te ;* ceux qui l'habitent sont comme dans l'exultation de l'allégresse. En s'exprimant de la sorte, il ne se croyait peut-être pas si bon prophète qu'il l'a été. Les faits ont vérifié toutes ses prédictions. Oui, c'est le Très-Haut qui a fondé cette maison, car c'est lui seul qui fait les œuvres durables, et elle n'aurait pas subsisté, à travers tant de secousses, durant le long cours de 35 ans, si elle n'était pas l'ouvrage de ses mains. Oui, le Seigneur chérit d'un amour de prédilection la petite Sion qu'il s'est bâtie au pied de ces coteaux ; car il l'a défendue contre tous ses ennemis, l'a relevée de toutes ses défaillances, et, chaque fois que la vie a paru près de s'éteindre en elle, il en a rallumé le flambeau. Oui, le peuple qui l'habite est heureux de vivre en son enceinte, témoins ces promeneurs de la Baumette qui, chaque dimanche, entendent en passant le cri joyeux de sa perpétuelle allégresse. Oui, des chrétiens n'ont pas cessé d'y naître, j'en atteste les fêtes de la dernière Pentecôte où mes yeux ravis ont vu comme une apparition des anciens jours.

L'abbé Le Boucher s'était donné beaucoup de peine pour édifier l'édifice matériel. Mais il ne faudrait pas conclure de là qu'il en fît l'objet principal de sa sollicitude. Celui qui le croirait, commettrait une complète erreur. Il voulait, avant tout, arriver à former des jeunes gens chrétiens. C'etait son vrai but, et, pour lui, le reste n'était que moyen. Il m'est permis de l'affirmer, à moi, qui ai été, à ce sujet, le confident de ses pensées les plus intimes. Je lui aurais bien plutôt reproché d'avoir, sur ce point, des visées trop hautes et de nourrir de trop grandes espérances ; car, lorsqu'il me dépeignait l'idéal qu'il avait conçu, j'avais peine à croire qu'il pût jamais le réaliser, tant était élevé le degré de perfection chrétienne qu'il rêvait pour les membres de sa Société future. Oh ! non, vraiment, l'abbé Le Boucher n'était pas seulement un organisateur habile, un intelligent et vigoureux promoteur de belles entreprises. Il était prêtre, prêtre avant tout, chez lui le prêtre dominait et gouvernait l'homme si richement doué qu'il fût de qualités naturelles. Si donc il s'est donné tant de soucis pour l'installation matérielle de son Œuvre, ce n'est pas parce que, à ses yeux, la chose était suffisante, mais parce qu'elle était préalablement nécessaire, et que cette marche était indiquée par la nature des choses ; car il n'igorait pas que le corps est formé le premier, quoiqu'il soit inférieur à l'âme, et que celle-ci vient l'habiter alors seulement qu'il est constitué pour le recevoir, et l'Écriture lui avait appris que Dieu lui-même, juste appréciateur des choses sans doute, avant de créer l'homme, a planté le paradis terrestre, pour embellir la demeure où sa créature privilégiée devait établir son séjour. S'est-il trompé dans quelques calculs ? A-t-il dépassé sur quelques points les ressources disponibles ? Je veux l'ignorer. Mais le fait fût-il vrai, ce ne serait pas du moins à vous à le lui reprocher ; car, cet excès de dépenses aurait eu sa cause dans un excès d'amour. Comme tout père, il était porté à croire que rien n'était trop beau pour ses enfants.

Quoi qu'il en soit, pendant qu'il achetait et bâtissait, il préparait autre chose à quoi il attachait beaucoup plus d'importance. Il méditait et rédigeait ses statuts. Ses statuts ! ah ! voilà où il voulait en venir à travers tout le reste. Ses statuts ! voilà quel avait été le motif et le but de ses travaux précédents. C'est avec ses statuts qu'il a fait la Société de Notre-Dame-des-Champs, ou plutôt, ses statuts appliqués étaient la Société elle-même. Il savait bien qu'avec son vaste enclos et son bâtiment neuf, Notre-Dame-des-Champs ne serait, après tout, qu'un beau corps inanimé. Ses statuts sont l'esprit de vie qu'il lui a insufflé pour en faire une âme vivante. *Insufflavit in faciem ejus spiraculum vitæ et factus est in animam viventem.* Ils sont si remarquables, surtout pour qui se reporte à l'époque où ils ont été écrits, que M. Meignan a voulu les avoir sous les yeux, quand il a composé les règlements de son Cercle modèle de Montparnasse, et il en parle encore avec éloge dans un article récent du Bulletin des Œuvres. Je l'avoue, j'ai été surpris, quand je les ai lus la première fois avec la glose qui les accompagne, de rencontrer une connaissance si approfondie des moyens d'arriver progressivement à la formation chrétienne d'un jeune homme, chez un prêtre de 27 à 28 ans ; car c'est à peu près l'âge qu'il avait quand il les a rédigés. Il en remettait un exemplaire à chaque nouveau sociétaire, le jour de sa réception, et il en faisait la lecture tous les ans, à la chapelle, pendant le carême. Leurs divers articles commentés tour à tour lui fournissaient le thème habituel de ses instructions pendant la sainte quarantaine. C'est avec ces gloses nettes, courtes et vives, qu'il façonnait peu à peu l'âme de ses enfants ; c'est avec elles qu'il a fini par créer, à Notre-Dame-des-Champs, une Œuvre modèle dont la réputation dépassait de bien loin les limites de ce diocèse, une Œuvre que l'on venait étudier pour l'imiter ensuite, croyant d'autant mieux faire qu'on s'en approchait davantage.

Remarquez bien toutefois que, quand j'attribue aux statuts rédigés par M. Le Boucher, une part absolument décisive sur la formation de son Œuvre, je ne considère pas seulement leur côté purement disciplinaire, si utiles que soient de bons règlements pour la prospérité d'une Œuvre. Je les prends aussi et surtout avec l'esprit chrétien qu'ils inculquent au moyen des dévotions qu'ils établissent.

Ces dévotions, il ne les demandait pas nombreuses, sachant bien qu'au milieu des tracas du monde et des mille soucis de la vie matérielle, l'homme du peuple ne peut guère porter la surcharge de pratiques multipliées ; mais il les voulait substantielles et, si j'ose ainsi parler, nutritives, et, pour les avoir telles, il allait droit aux dévotions fondamentales dans l'Église. Quand il avait obtenu d'un jeune homme d'adopter franchement et résolument celles-là, il était tranquille, sûr qu'elles donneraient dans leur temps tous leurs fruits. Pour les autres, il les abandonnait volontiers à l'attrait particulier de chacun. Or, parmi ces dévotions fondamentales, il faut mettre et il mettait d'abord la dévotion à la Sainte Vierge. Sa première pensée, son premier soin fut de placer son Œuvre sous la protection de Marie. Tout par Marie ! c'est le refrain qui hantait son esprit, que murmuraient ses lèvres et chantait son cœur. Tout par Marie ! c'est la devise qu'il a donnée à Notre-Dame-des-Champs. Tout par Marie! il mettait cette épigraphe en tête de toutes les pièces qui concernaient la Société naissante, et il a voulu qu'en recevant son diplôme le récipiendaire redît ces paroles, comme le mot d'ordre du bataillon sacré dans lequel il venait de s'engager. Tout par Marie ! c'est le début d'un cantique qu'il a inséré dans le modeste recueil spécialement composé pour vous; et quand il l'entendait jaillir à plein gosier de vos poumons sonores, il rayonnait, sa poitrine se soulevait aux battements de son cœur. Oui il a voulu que la Sainte Vierge fût la fondatrice, la protectrice, la vraie directrice de Notre-Dame-des-Champs, multipliant partout son image collée sur toutes les portes, son chiffre gravé sur la façade du bâtiment, au fronton duquel il a placé la statue de Marie qui, planant dans les airs au point culminant de l'édifice, semble descendre du ciel pour bénir ses enfants. Et comme si tant d'hommages ne suffisaient pas à son amour, il lui a élevé ce piédestal armorié que vous voyez au milieu de l'esplanade, avec les deux inscriptions qui qualifient, l'une, sa personne, l'autre sa fonction : *Ego flos campi*, je suis la fleur des champs ; *Posueront me custodem*, ils m'ont placé ici pour les garder. Enfin, il a voulu symboliser votre consécration spéciale à Marie jusque dans le nom qu'il vous a donné : il vous a appelé *NotreDame-des-Champs.*

J'ai dit que le Seigneur vous avait toujours défendus ; mais c'est par Marie, terrible à nos ennemis comme une armée rangée en bataille, *terribilis ut acies ordinata.* J'ai dit que le peuple qui habite cette enceinte y boit à longs traits les flots purs de l'allégresse ; mais c'est par Marie, source, cause de toute joie véritable ; *causa nostræ lætitiæ.* J'ai dit qu'il naît encore ici des chrétiens, mais c'est par Marie, cette nouvelle Ève, mère toujours féconde des vrais vivants.

L'Œuvre prospérait. Elle marchait sous la conduite de Marie, comme un char lancé sur une pente douce. M. Le Boucher n'avait plus, ce semble, qu'à jouir en toute quiétude du fruit de ses efforts. Mais il est dit que la vie de l'homme ici-bas est un continuel combat. C'est au moment même où il allait pouvoir goûter quelque repos après une rude campagne, que Dieu l'enleva pour le transporter sur un nouveau théâtre où devaient recommencer pour lui d'autres travaux. Ce qu'il a fait dans la cité de Jeanne de Laval, ils pourraient seuls le bien dire, ces enfants de Beaufort qui sont venus ici pour unir aux nôtres leurs regrets et leurs hommages, et qui ne se consolent quelque peu de la perte qu'ils ont faite qu'en songeant qu'on a donné pour successeur au curé qu'ils pleurent son collaborateur dévoué pendant de longues années et le plus cher de ses amis. Toutefois, séparés de corps, ni d'un côté ni de l'autre, vous ne l'avez jamais été de cœur. Tous les ans, il venait vous faire, le lundi de la Pentecôte, une visite impatiemment attendue et vous vous faisiez un devoir de lui porter en retour, à la fête de saint Augustin, avec vos meilleurs souhaits, l'hommage de votre filiale reconnaissance. L'année dernière, comme poussés par un mystérieux pressentiment, vous vous y êtes rendus plus empressés et plus nombreux que jamais, et vous pouvez vous réjouir dans la pensée que vous lui avez procuré une des dernières joies qu'il ait goûtées en ce monde ; car il mourait quelques jours après. Marie, dont le cœur maternel est si tendre pour ceux qui l'aiment et la font aimer, lui réservait une grâce de choix. Il a rendu son âme à Dieu la veille de la Nativité, alors que la fête était déjà commencée dans l'Eglise par le chant des premières vêpres, de sorte que le jour même où Marie est née à la terre, a été, il nous est permis de le croire, le jour de sa naissance au ciel.

Ah ! puisque les liens qui vous attachaient à Beaufort sont aujourd'hui rompus par la main du même Dieu qui les avait formés, revenez donc, revenez parmi nous pour ne jamais plus nous quitter.

Mais, en levant les yeux de ce côté, je m'aperçois que mon vœu a été exaucé d'avance. Je vous vois sur le trône que vous a élevé la généreuse gratitude de vos enfants. Ah ! pourriez-vous les oublier, quand ils vous gardent un si fidèle souvenir. Pensez donc à eux devant le Seigneur. Soyez devant lui leur perpétuel intercesseur, lui disant : Mon Dieu, comment n'exauceriez-vous pas ma prière ? Je vous la présente par délégation de mes enfants. Je suis leur ambassadeur auprès de vous. Je remplis le rôle, la mission que m'a donnée leur confiant amour ; car, s'ils m'ont fait au milieu d'eux une place d'honneur, c'est pour que je les protège et les garde à jamais : *Posuerunt me custodem.*

DISCOURS

PRONONCÉ PAR

M. SOMMIER

Les honneurs rendus à M. l'abbé Le Boucher, dans la journée du 8 juin, à la Société de Notre-Dame-des-Champs, n'auraient pas été complets, si les sociétaires eux-mêmes n'avaient pas tenu, par la voix de l'un des leurs, à rendre hommage à la mémoire du fondateur de leur Société.

Nous sommes heureux de mettre sous les yeux des lecteurs de l'*Anjou* les paroles prononcées, à cette occasion, par M. Sommier, l'un des dignitaires de l'Œuvre et aussi l'un des « anciens » et l'un de ceux qui, ayant vécu auprès de M. Le Boucher, l'ont accompagné dans ses luttes, dans ses joies, et ont pu le mieux apprécier son grand cœur et ses vertus !

Messieurs,

C'est au privilège de l'ancienneté, si toutefois l'on peut appeler cela un privilège, que je dois l'honneur de vous parler encore un peu de M. l'abbé Le Boucher, fondateur de Notre-Dame-des-Champs. Que puis-je bien dire maintenant après ce que vous venez d'entendre ? Il ne me reste plus qu'à glaner dans des souvenirs lointains ; je vais l'essayer et, ce qui me rassure, c'est l'espoir de montrer à ceux qui n'ont pas connu ici M. Le Boucher, avec quelle ardeur généreuse il s'appliquait à développer l'esprit chrétien dans cette Œuvre qu'il avait établie en faveur des ouvriers, dont il avait étudié l'organisation à Paris et qui, des premières fondées en France après celle de Marseille, a l'honneur d'être l'une des plus anciennes, sinon la doyenne des Œuvres ouvrières de l'Ouest.

Sûr du succès, M. Le Boucher n'osait cependant pas l'espérer aussi complet qu'il l'a obtenu. Son but était de créer une Œuvre pour les jeunes ouvriers, et ce but ressort très clairement des deux premiers paragraphes du commentaire de l'article 3 du règlement : « 1° La Société se compose de jeunes gens : on ne reçoit pas d'enfants, ni d'hommes faits. Les enfants vont à l'école, aux catéchismes. Pour les hommes mariés, la famille, la paroisse et les Sociétés de secours mutuels ou de Saint-François-Xavier ; 2° Par jeunes gens ou jeunes ouvriers, nous entendons tous ceux qui gagnent leur vie en travaillant : les commis de magasin, garçons de bureaux, petits clercs d'avoué, de notaire, etc. » Mais avec le temps, les jeunes ouvriers grandissaient ; aussi le cœur de leur ami se troublait-il à la pensée qu'un jour peut-être, ils le quitteraient ; dans cette crainte, il exprimait hautement l'ambition de les revoir plus tard groupés à l'Œuvre avec leurs familles. Son vœu a été rempli et ces amitiés fidèles, récompensant les efforts du jeune prêtre, ont été un rayon de bonheur pour les dernières années du pieux serviteur de Dieu.

M. Le Boucher qui aimait la sainte Vierge s'efforçait de la faire aimer, et comme il avait pris Marie pour guide et pour mère, il lui confiait, dès son aurore, la garde de son institution naissante, gravant sur le socle de la statue qui la première s'offre aux regards à l'entrée ; *Posuerunt me custodem* ; puis, pour justifier le vocable si gracieux de Notre-Dame-des-Champs, il empruntait au Cantique des cantiques l'expression : *Ego flos campi et lilium convallium ;* enfin à l'article 2 du règlement et pour indiquer leur voie et leurs devoirs aux associés : « La jeunesse est le printemps de la vie, c'est le temps où il faut semer : *Spes messis in virtute.* »

Dois-je entrer dans de minutieux détails sur les soins dont M. Le Boucher entourait les jeunes gens dans les réunions ? cela ne me semble pas nécessaire ; tous ceux qui ont passé à Notre-Dame-des-Champs savent que le dévouement, n'étant pas l'attribut d'un seul homme, se perpétue ; ils savent aussi quel accueil empressé ils y ont reçu et quelles sympathies ils y ont toujours trouvées.

M. Le Boucher s'ingéniait pour rendre nos réunions agréables et solennelles : souvent il attirait d'illustres visiteurs et, à l'époque bien eloignée, grâce à Dieu, où nous n'avions pas l'élégante et délicieuse chapelle qui fait notre orgueil, au temps où l'enclos peu vaste ne permettait pas, comme aujourd'hui, de si grands déploiements dans les jeux, Mgr Angebault souvent, bien souvent même, Mgr Deschamps, évêque de Malines, le P. Bion, des Frères Prêcheurs, M. de Falloux, M. Théodore de Quatrebarbes et bien d'autres hommes, dignitaires de l'Eglise ou occupant des situations élevées dans l'administration et la magistrature sont venus nous apporter le sympathique témoignage de leur bienveillance et de leur intérêt.

M. Le Boucher cherchait aussi à établir entre les associés les liens puissants de la charité chrétienne, il voulait qu'on puisse dire d'eux : *Cor unum et anima una*, c'est écrit tout au long dans l'article 21 du règlement, et l'article 25, prolongeant au delà de la vie la solidarité de la prière insinue que : « C'est un devoir de prier pour nos camarades. Devoir de piété, de justice peut-être. » C'est ainsi que le jour de l'Ascension 1853, la Société entière accompagnait au cimetière le premier de ses associés défunts. Tous recueillis et la tête nue suivaient le très modeste corbillard d'un jeune apprenti. « Le directeur de l'Œuvre, disait un journal d'Angers, était à la tête du cortège. Il y avait de la joie dans la tristesse de tous, parce que Notre-Dame-des-Champs allait avoir désormais un représentant auprès de Dieu. Le passant, qui savait ces choses, était attendri. »

Je ne puis entrer dans de bien longs détails sur les rapports de M. Le Boucher avec les associés en dehors de l'Œuvre ; pour cela il faudrait écrire une biographie complète et, d'ailleurs, il ne me pardonnerait pas, sans doute, de divulguer maintenant ce qu'il a voulu tenir secret et de trahir sa confiance; mais ce que je puis dire sans manquer à la discrétion, c'est qu'il n'épargnait ni ses peines ni ses démarches pour rendre service à ses protégés et leur adoucir les épreuves qui les atteignaient. Il prenait part aux douleurs de ses amis et, absent, il leur adressait de loin des consolations qu'il n'eût pas manqué de leur apporter lui-même s'il s'était trouvé à Angers. A la fin de 1854, un de nous perdit son père. M. Le Boucher était à Rome, et dès qu'il eut connaissance du malheur qui avait frappé la famille de ce jeune homme qu'il affectionnait, il lui écrivit :

Rome, 17 décembre 1854.

« Pour des amis, les joies et les peines sont communes ; j'apprends la triste nouvelle qui vient de jeter votre famille dans l'affliction, je veux vous dire combien je prends part à votre peine.....

« J'ai beaucoup prié pour votre père ; dans ces circonstances, on sent le besoin de la prière, c'est un baume qui adoucit toutes les plaies . . . .

« Je ne suis plus pour longtemps à Rome, je compte prendre le chemin de la France et d'Angers aussitôt les fêtes de Noël ; dites à tous ceux qui pensent à moi, que ma pensée est souvent à Saint-Laud et TOUJOURS à Notre-Dame-des-Champs. »

Messieurs les sociétaires de Notre-Dame-de-Beaufort, vous avez, comme nous, connu M. Le Boucher, vous l'avez vu au travail pendant vingt-cinq ans, et vous avez pu apprécier quels étaient sa piété et son grand cœur. Vous allez, vous aussi, lui élever un monument. Poursuivant le même but, nous sommes arrivés premiers, c'était notre droit et surtout notre devoir. Nous l'aimions, nous prierons pour lui, et je ne puis mieux finir qu'en faisant redire par les deux Œuvres sœurs, puisqu'elles sont nées de l'action charitable du même homme, la conclusion du discours prononcé par M. l'abbé Perdrau, le 23 mai 1875, dans l'église de Beaufort, à l'occasion du vingt-cinquième anniversaire de l'ordination sacerdotale de M. Le Boucher : « Nous vous accompagnerons devant le trône de Dieu ; tous nous témoignerons de votre foi, de votre zèle, de votre vie passée au service des âmes, et nous demanderons pour vous au juste Juge cette couronne de gloire qu'il a promise à ses ministres fidèles. »

ÉTAT ACTUEL

DE LA SOCIÉTÉ

DE

NOTRE-DAME-DES-CHAMPS

ÉTAT ACTUEL

DE LA

SOCIÉTÉ DE NOTRE-DAME-DES-CHAMPS

La mort de M. l'abbé Le Boucher, en creusant un grand vide dans nos plus chères affections, n'a pas ébranlé la situation ni le fonctionnement de la Société de Notre-Dame-des-Champs. En effet, quelque temps après la nomination de notre fondateur à la cure de Beaufort-en-Vallée, la direction fut confiée à des hommes spéciaux qui, de concert avec un *Conseil d'administration* tout dévoué, s'appliquèrent à marquer un passage trop court par quelque dotation ou fondation nouvelle et utile; se gardant bien d'altérer ce magnifique caractère imprimé par M. Le Boucher, caractère qui distinguera toujours Notre-Dame-des-Champs.

De cette situation résulte que nous n'avons pas d'inventaire administratif à entreprendre; et cependant le moment nous semble favorable de nous demander ce que nous possédons, et ce que nous sommes, et de faire part du résultat de nos recherches à nos bienfaiteurs et à nos amis que nous voudrions intéresser par ce travail.

1° CE QUE NOUS AVONS

Ne craignez pas, cher lecteur ; cet inventaire tout bénévole ne sera pas complet... Si nous vous parlons de notre palais, nous ne tomberons pas dans le ridicule de décrire toutes les portes et les fenêtres, ces détails n'intéressant guère qu'un percepteur. Boileau s'est trop spirituellement moqué de cette manie de se perdre dans les détails, « ce ne sont que festons, ce ne sont qu'astragales ». Nous ne vous conduirons pas dans les greniers, à moins que vous n'aimiez les infirmeries et les hôpitaux, et que votre cœur compatissant ne nous donne l'espoir bien fondé que la vue des vieux invalides du travail, des fracturés, des manchots, des amputés, c'est-à-dire des vieilles tables, des vieux bancs et des vieilles chaises, ne fasse naître en vous le désir, que nous apprécierons, de les remplacer par de jeunes recrues. S'il en est ainsi, montez.... Que si vous n'êtes qu'amateur d'antiquités ou numismate, ne montez pas si haut, arrêtez-vous au musée : nous y entrerons bientôt :

Passant d'un extrême à l'autre, nous ne

descendrons pas à la cave qui, d'ailleurs, est au rez-de-chaussée. Pauvre petite cave tu es bien petite, tu n'as que 5 à 6 mètres cubes, et cependant, tu n'es jamais pleine ; tu n'as pas été dotée de cet attribut accordé gratuitement à la nature d'avoir horreur du vide. Les vins vieux et exquis qui, les jours de banquets annuels, moussent et pétillent dans nos verres, n'ont jamais vu la nuit dans ton enceinte si étroite. Ils viennent d'une cave qui ne s'ouvre pour nous que pour laisser passer les produits des meilleurs crus. De cette cave nous connaissons le propriétaire. Aussi, quand un toast de reconnaissance est porté au généreux donateur, tous les regards se portent tout naturellement vers *M. Toutain*, membre du Conseil d'administration de Notre-Dame-des-Champs.

Donc ni grenier ni cave n'auront l'honneur de notre visite.

Par où commencerons-nous? Par la chapelle.

CHAPELLE

Le compte-rendu de la cérémonie l'appelle « un joyau gothique », sans exagération, c'est un véritable bijou. M. l'abbé d'Arbois de Jubainville en a été le promoteur et M. Dusouchay père en a été l'architecte.

Reconnaissance à tous ceux qui, par leurs offrandes, ont contribué à cette construction. Notre chapelle n'a qu'une nef, mais comme elle est svelte et élégante. Ce quelque chose d'élancé, elle le doit sans doute à ce que la voûte ne repose pas sur les murs mais bien sur de gracieuses colonnes, placées à quelques centimètres en avant des murs.

Avez-vous remarqué que plusieurs églises et chapelles de notre cité angevine sont aussi dotées de colonnes ; je m'étais déjà fait cette observation, lorsqu'il m'a été donné de connaître, il y a quelques années, à Paris, un jeune peintre qui prodiguait les colonnes dans toutes ses œuvres. Informations prises, c'était un Angevin. Il avait pris naissance non loin de la grande salle de l'hôpital Saint-Jean, un des berceaux du style Plantagenet, dont l'église Saint-

Serge nous offre également un si beau spécimen. Et nul n'ignore quelles magnifiques colonnes entrent dans la composition de ces deux monuments. Que nos architectes angevins modernes admirent ou aiment oui ou non le style Plantagenet, ils n'en sèment pas moins des colonnes dans presque toutes leurs églises, quel qu'en soit le style : gothique, roman, etc.

Dans l'aphorisme :

Rien n'est beau que le vrai, le vrai seul est aimable.

Ils semblent identifier le vrai et la colonne, regardant ces deux mots presque comme synonymes.

Qu'ils soient ou non aussi exclusifs, ils n'en font pas moins des chefs-d'œuvre, parmi lesquels nous pouvons, à la gloire de M. Dusouchay, ranger notre chapelle.

Quand fut construite cette chapelle, et sous quelle invocation fut-elle placée ? Une plaque de marbre placée près de la grande porte, à gauche, nous apprend que le 18 octobre 1868, sous le pontificat de Pie IX, Mgr Guillaume Angebault, alors évêque d'Angers, vint bénir la chapelle de Notre-Dame-des-Champs sous l'invocation de Marie immaculée. Voici le texte latin :

ANNO SALUTIS MDCCCLXVIII
DIE XVIII OCT.
XXIII AUTEM ANNO PONTIFICATUS
S. S. PII PAPÆ NONI
MINISTRANTE SOCIETATI
BEATÆ MARIÆ IN CAMPIS
CONGREGATIONE F. F. S. VINCENTII A PAULO
HOC SACELLUM
A. RR. DD. GUILLELMO ANDEG. EPISC.
BENEDICTIONE SOLEMNI INSIGNITIUM EST
SUB INVOCATIONE
BEATÆ MARIÆ IMMACULATÆ.

Une autre plaque placée à droite fait connaître les noms des sociétaires de Notre-Dame-des-Champs qui, par leurs pieuses offrandes, jointes aux abondantes aumônes de Mgr G. Angebault et de plusieurs autres bienfaiteurs, obtinrent enfin ce qu'ils souhaitaient depuis longtemps, l'érection de la chapelle. Nous y lisons :

HIC HABES
NOMINA EORUM QUI SODALES
SOCIETATIS BEATÆ MARIÆ IN CAMPIS
PER SUA PIA DONA
MENSE JULIO, ANNO MDCCCLXVI SUBSCRIPTA
TANDEM OBTINUERUNT
LARGIENTE RR. DD. G° ANGEBAULT,
ANDEG. EPISCOPO
ET PLURIBUS ALIIS BENEFACTORIBUS
HOC ERIGI SACELLUM.

J. Barillé.
M. Bas.
I. Bourrigault.
C. Brossard.
J. Chanteau, v.-p.
L. Chevalier.
F. Colinet.
H. Coural.
J. D'Hommée.
H. D'Hommée.
P. Fauvel.
H. Ferré.
L. Flux.
J. Gaignard.
E. Gardais, pr.
L. Gohard.
J. Guiard.
A. Haffner.
H. Joubert.
H. Jouin.
H. Leclerc.
L. Lefeuvre.
E. Lefeuvre.
P. Naudé.
J. Pinsonnet.
A. Poudré.
A. Querruet.
H. Querruet.
J. Querruet.
J. Raimbault.
J. Sapin.
B. Sommier.
A. Velé.
L. Vezac.

Entre chacune des colonnes se trouvent des statues dont nous voudrions connaître les donateurs. Nous savons cependant que l'une d'elles, saint Louis de Gonzague, due à l'habile ciseau de notre compatriote, M. Bouriché, a été offerte par un des meilleurs amis de Notre-Dame-des-Champs, qui ne cesse de donner des marques de son affection pour nous ; retraites prêchées, hospitalité offerte, augmentent chaque année ses droits à notre reconnaissance depuis longtemps acquise. Ce bienfaiteur, nous le connaissons tous, c'est M. l'abbé Aubert, actuellement curé de Saint-Maurille de Chalonnes.

Au milieu de la chapelle, notre attention est attirée par deux monuments funéraires.

Du côté de l'Evangile, est celui de M. l'abbé Le Boucher ; ici le lecteur peut se reporter au commencement de cette brochure, où se trouve la reproduction de ce monument de la reconnaissance :

« *Miserere mei, saltem vos amici mei.* »

Dans nos statuts généraux, rédigés par notre fondateur, nous trouvons cette recommandation comme commentaire des supplications de Job : « C'est un devoir de prier pour nos camarades. Devoir de piété, de justice peut-être. »

Ce devoir, nous l'avons compris ; et afin de mieux le mettre en pratique, nous avons gravé sur deux plaques de marbre noir, les noms de nos chers défunts. Et suivant votre recommandation, vénéré fondateur, nous associerons, dans une même prière, votre mémoire et la leur.

Ce tribut de la prière, nous le paierons plus particulièrement à ceux dont nous lisons les noms sur nos plaques funéraires.

M

ASSOCIÉS DÉFUNTS

1853 A. Humeau, 16 ans.
1857 H. Charron, 19 ans.
1858 C. Lebeau, 17 ans.
1859 J. Dodin, 17 ans.
E. Buret, 20 ans.
1860 L. Vérité, 16 ans.

1863 L. Laboureau, 16 ans.
L. Ponanceau, 20 ans.
1865 L. Crestia, 17 ans.
1866 E. Haffner, 14 ans.
1868 Th. Dupé, 25 ans.
H. Corbin, 19 ans.
1869 F. Colinet, 20 ans.
H. Leclerc, 27 ans.
1870 J.-B. Leproust, 21 ans.
F. Touchet, 16 ans.
1871 E. Sorre, 20 ans.
A. Chesnos, 19 ans.
1872 J. Prezelin, 23 ans.
A. Giraud, 20 ans.
F. Poirier, 16 ans.
A. Bouvier, 17 ans.
1874 E. Meneux, 14 ans.
1875 M. Hersen, 17 ans.
1877 V. Faligand, 46 ans.
1878 J. Brossard.
1881 R. Naudé.
1882 J.-B. Cochon.
R. P. Chesnos, S. J.
1885 H. Dupont, mis^{re}.

En face est un autre monument funéraire, dû également au pieux souvenir que les Sociétaires de Notre-Dame-des-Champs ne cessent de garder de M. *d'Arbois de Jubainville*. Dans une plaque de marbre noir est enchâssé un médaillon en bronze, coulé à l'Ecole des Arts et Métiers d'Angers, d'après le modèle sculpté lui aussi par M. Rouillard, notre co-sociétaire.

Au-dessous du médaillon on lit :

LÉON D'ARBOIS DE JUBAINVILLE
PRÊTRE DE LA CONGRÉGATION
DES FRÈRES DE SAINT-VINCENT-DE-PAUL
TROISIÈME DIRECTEUR DE
N.-D.-DES-CHAMPS
1865-1871
R. I. P.

Si le monument de M. Le Boucher est entouré des noms des associés défunts, celui de M. d'Arbois de Jubainville est entouré des noms de nos principaux *bienfaiteurs défunts.*

Chers bienfaiteurs, nous ne vous oublions pas; chaque année, le premier dimanche de novembre, nous célébrons une messe pour vous et pour nos associés. Bien que nous connaissions presque de mémoire vos noms inscrits sur les plaques de marbre, nous ne pouvons résister au désir de relire ici ces noms que nous avons toujours appris à bénir. Voici donc l'inscription :

M

BIENFAITEURS DÉFUNTS

P.-J. d'Andigné, prêtre, 1853.
R. P. Bigot, S. J., 1855.
R. P. Ch. Hymann, S. J., 1856.
G.-R. Lecoindre, prêtre, 1858.
M. Richard, O. ✳ 1859.
M. Pocquet de Livonnière, 1865.
P. Espivent de la Villeboisnet, 1869.
Guillaume-L.-L. Angebault, évêque d'Angers.
A. Myionnet, 1870.
Comte Th. de Quatrebarbes, C. ✝ 1871.
R. P. Legall, S. J., 1871.
R. P. de Poulpiquet, S. J., 1871.
B. Maugrain, 1871.
1872, H. de Beauvoys des Faveries, deuxième Directeur de N.-D.-des-Champs, 1863-1865.
Comte de Boissard, 1872.

Dély, 1873.
A. Le Boucher, 1874.
Ch. d'Arbois de Jubainville, 1877, prêtre, troisième Directeur de N.-D.-des-Champs, 1865-1872.
Mme la marquise de Villoutreys, 1880.
Mgr Ménard, v.-g., président du Conseil d'administration de Notre-Dame-des-Champs, 1880.
Marquis de Maillé, 1882.
L. Helot, 1881.
Capitaine Textoris, ✱ 1884.
Comtesse Th. de Quatrebarbes, 1885.
V. Pavie, 1886.
Courtigné, 1886.

Une plaque spéciale a été placée au-dessous du monument de M. d'Arbois ; elle rappelle les titres que M. Dusouchay conserve à notre reconnaissance. Sa place était naturellement marquée près du monument de M. d'Arbois ; car le troisième Directeur et l'architecte de Notre-Dame-des-Champs se comprirent si bien pour que le « *Quam dilexi tabernacula tua, Domine* » qui remplissait leur cœur, fût réalisé dans cette magnifique chapelle destinée à augmenter l'amour de Dieu dans les âmes. Ce rapprochement fait, nous lisons sur la plaque ces mots :

R.-E. Dusouchay
ARCHITECTE ET BIENFAITEUR
DE N.-D.-DES-CHAMPS
1878.

Si nous nous rapprochons du sanctuaire, nous trouvons la statue de Notre-Dame de la Salette et celles des petits bergers.

Ce qui nous fournit l'occasion de signaler que *la chapelle de Notre-Dame-des-Champs jouit seule à Angers du privilège très précieux de posséder l'Archiconfrérie de* Notre-Dame-DE-LA-SALETTE.

Le Directeur de la Société est en même temps directeur de l'Archiconfrérie et reçoit les nouvelles inscriptions.

Chaque année, le 19 septembre ou le dimanche suivant, une fête commémorative de l'apparition est célébrée à Notre-Dame-des-Champs, et toujours de nombreux associés accourent le matin à la messe de communion, et se pressent dans l'après-midi pour les vêpres, l'instruction, la procession et le salut, afin de *gagner une indulgence plénière.*

Que si, dans cette brochure, nous nous sommes déclarés amateurs des colonnes, n'allez pas, de grâce, conclure que nous admirons la colonne qui supporte la statue de Notre-Dame-de-la-Salette. L'architecte de la chapelle, hâtons-nous de le dire, ne doit pas être incriminé, car il n'a pas été consulté, surtout pour la disposition des couleurs. Aussi, tous les directeurs auraient été heureux que des âmes pieuses vinssent, par de généreuses offrandes, leur permettre de remplacer cette colonne par un monument plus digne du culte que nous aimons tant à rendre à Notre-Dame-de-la-Salette. Pour nous, ce serait sans regret que nous verrions disparaître la pauvre colonne qui trouverait mieux sa place dans un matériel de distribution de prix.

Mais nous voici arrivés au sanctuaire. Ce qui frappe le plus nos regards c'est, au-dessus de l'autel en pierre, un magnifique vitrail offert par la section Saint-Joseph à Notre-Dame-des-Champs. C'est une reproduction de la Vierge d'Overbeeck d'un effet saisissant. L'Enfant Jésus, tenu dans les bras de sa mère invite, de son plus doux sourire, les visiteurs de Notre-Dame-des-Champs à entrer à la chapelle : « Restez ici, semble-t-il dire, faites-vous inscrire comme membre de la Société consacrée à ma Mère ; ou tout au moins, si vous n'êtes pas dans les conditions requises, enrôlez-vous dans la pieuse phalange de l'archiconfrérie de Notre-Dame-de-la-Salette... Et surtout ne partez pas sans prier Marie, lui promettant de vous intéresser et d'intéresser vos amis à une œuvre si utile pour la persévérance de la jeunesse chrétienne.

Une des preuves éclatantes de la *puissante intercession de Marie en faveur des associés de Notre-Dame-des-Champs*, nous la trouvons dans l'*Ex-voto* en marbre blanc, placé au-dessus d'une des portes de la sacristie. Nous le copions dans son éloquent laconisme pour ne rien lui enlever de sa valeur :

M

ACTION DE GRACES
A N.-D.-DES-CHAMPS

GUERRE 1870-1871
70 ASSOCIÉS ATTEINTS PAR LES LOIS MILITAIRES
50 DANS L'ARMÉE ACTIVE
PAS UN N'A PÉRI
3 DEVENUS OFFICIERS
14 SOUS-OFFICIERS
2 DÉCORÉS

TOUT PAR MARIE !

Avant de pénétrer dans la sacristie, vous demanderez peut-être quelles sont les raisons qui ont fait appendre tant de cœurs dorés au socle de la statue de la sainte Vierge qui domine l'autel. Ces cœurs ont été offerts en reconnaissance à Marie, à l'occasion de mariages de Sociétaires. Quelques-uns des plus jeunes mariés n'ont pas encore offert les leurs, mais ils s'empresseront, nous le savons, de mettre ainsi leurs familles naissantes sous la protection de notre bonne Mère.

En pénétrant dans la sacristie, laiss zmoi vous faire connaître un usage touchant. Chaque année, la sacristie se monte de quelques-uns des objets destinés à embellir les cérémonies du culte divin. Le 15 août, jour de la fête de la très sainte Vierge, est celui choisi pour souhaiter la fête aux directeurs de Notre-Dame-des-Champs, quels que soient leurs noms. Le cadeau de fête étant tout naturellement une offrande faite pour la chapelle, il en résulte que les tapis, les fleurs artificielles, le dais même, etc., sont dus à la générosité des associés du dimanche.

Et comme les bons exemples poussent heureusement à l'imitation, les écoliers de l'œuvre du jeudi ont voulu, cette année, faire eux aussi leur offrande... Nous pouvons vous montrer deux paires de vases d'autel, l'une donnée à la fête de M. des Rivières, et l'autre à la fête de M. l'abbé Myionnet.

« Il n'y a plus d'enfants !... »

Cette exclamation si souvent arrachée au dépit, trouve chez nous cette signification : la ferveur chez eux « n'attend pas le nombre des années ».

Ne concluez pas de là, chers lecteurs, que vous allez vous trouver en présence de merveilles d'orfèvrerie, rappelant le trésor de Notre-Dame de Paris.

C'est que dans une œuvre, bon nombre, quel que soit d'ailleurs leur dévouement, peuvent dire en toute vérité comme saint Paul :

Argentum et aurum, non est mihi : quod autem habeo, hoc tibi do.

Aussi plus d'une *Dame des Tabernacles* pourra sortir de notre sacristie les feuillets de son *pocket-boock*, remplis de demandes à adresser à sa pieuse et charitable confrérie.

Remercions ici les *religieuses de la Visitation* qui, à l'occasion de notre dernière adoration, ont eu pitié de notre pauvreté et nous ont envoyé quatre beaux rosiers artificiels.

Sous l'impression bienveillante où nous laisse cette visite, sortons de la sacristie, passons à côté d'un jeu de boules réservé à la *première section*, terme dont vous ne comprendrez le sens exact qu'après avoir lu, à la fin de cette brochure, l'article intitulé : *Nos Sections*, et sans plus tarder, pénétrons dans notre grande salle. Ce n'est pas une vulgaire salle de séances, elle a son histoire glorieuse. Laissons ici M. Sommier, l'un des vétérans de l'œuvre, vous raconter ses fastes.

LA GRANDE SALLE

Au rez-de-chaussée du magnifique bâtiment qui frappe si agréablement la vue dès l'entrée de l'œuvre, a été ménagée une salle de proportions grandioses, destinée aux séances extraordinaires et aux jeux lorsque l'inclémence du temps ne permet pas aux jeunes gens de prendre leurs ébats dans le jardin.

Là aussi ont été placés les bustes de Pie IX, Léon XIII, Mgr Angebault, Mgr Freppel, M. l'abbé Le Boucher, M. l'abbé d'Andigné, M. l'abbé d'Arboys de Jubainville, un médaillon représentant les traits du comte Théodore de Quatrebarbes, et le portrait de M. Allemand, fondateur de l'œuvre de Marseille, la plus ancienne de France, puis les écussons des différentes œuvres qui, comme celle de Notre-Dame-des-Champs, sont consacrées sous le patronage de la sainte Vierge, de saint Joseph ou quelque autre saint vocable, au salut de la classe laborieuse et à la régénération de l'enfance et de la jeunesse par la piété et l'amour de Dieu.

Au centre une statue de la sainte Vierge — dans cette maison où elle est aimée, on la retrouve partout — domine tout cet ensemble et, à ses pieds, l'inscription suivante rappelle une date inoubliable et des noms vénérés entre tous :

Le XIII Aout de l'an de grace MDCCCLIV
a été inaugurée et bénite par monseigneur G.-L.-L. Angebault,
évêque d'Angers
la Maison de Notre-Dame-des-Champs
élevée
par les soins de M. l'abbé Auguste Le Boucher, fondateur et 1er Directeur
de l'association des jeunes ouvriers
et grace au généreux concours de M. l'abbé P. d'Andigné

Premiers Fondateurs de l'Œuvre

MM.

L'abbé Bompois, v. g.	Courtigné.	Marçais-Albaret.	Cte Th. de Quatrebarbes.
A.-J. d'Andigné.	Dély.	M. de Livonnière.	Cte Ch. de Quatrebarbes.
Cte Ch. de Boissard.	Alex. de Gautret.	Maugrain.	De la Villeboisnet.
Blouin.	Lelong.	V. Pavie.	Dusouchay, architecte.
R. P. Chaignon.	Cte de Maillé.		

A cette date, 13 août 1854, eut donc lieu, sous la présidence de Mgr Angebault, la première séance dans la grande salle. M. le comte de Boissard, dans un beau discours, raconta de la manière la plus gracieuse et dans lestyle le plus ingénieux, les débuts de l'œuvre, ses développements successifs, les obstacles qu'elle avait dû surmonter, ceux qui lui restaient à vaincre et les immenses services qu'elle était appelée à rendre. On y trouve racontés deux traits charmants qu'il est impossible de ne pas reproduire ; bien que très anciens, ils n'en ont pas moins tout le charme de la délicatesse et la saveur de la piété la plus sincère.

« Un enfant pauvre avait perdu, dans le sable, une pièce de deux francs, véritable trésor pour lui ; ses camarades voient son chagrin et spontanément ils organisent entre eux une quête qui, dans moins d'un quart d'heure, produit deux francs vingt-cinq centimes.

« Un jeune apprenti reçoit de son patron, pour la première fois de sa vie, cinquante centimes.... que va-t-il faire de cette somme si inusitée dans ses mains ? Il en achète deux pots de fleurs qu'il apporte en toute hâte aux pieds de Notre-Dame-des-Champs. Cet exemple a trouvé de nombreux imitateurs. La première somme que gagnent nos apprentis est ordinairement consacrée par eux à faire une offrane à leur sainte patronne. »

Le 17 août 1856, une grande animation régnait à l'Œuvre, une foule nombreuse, accourue pour assister à la clôture de l'exposition industrielle, attendait l'ouverture des portes de la grande salle. Tous les associés avaient concouru à cette fête du travail, chacun y avait apporté son tribut et, pendant un mois, les visiteurs n'avaient cessé de témoigner leurs sympathies pour la bonne volonté et les efforts des jeunes exposants. Ce fut une réunion brillante et que n'ont pas oubliée ceux qui ont pu y assister, que la séance de clôture. Mgr Angebault, le préfet M. Vallon et M. de Boissard, firent tour à tour entendre des paroles de bienveillance et d'encouragement.

C'était une belle réunion encore que celle de la fête des Saints-Anges, en 1857. A cette époque, la Société avait musique et hallebardiers. Mgr Angebault, reçu à l'entrée de l'Œuvre et escorté par la garde, vint prendre place sur une estrade dressée dans la grande salle. Au compliment adressé à Sa Grandeur par le commandeur des hallebardiers au nom de tous ses camarades de la Société, succéda un rapport de M. Le Boucher sur la situation de l'Œuvre depuis la fête de saint Joseph, époque de la dernière visite de Monseigneur. Puis, comme toutes les autres, la fête se termina à la chapelle par la bénédiction du Saint-Sacrement.

Le grand événement de 1858 fut la fondation des Congrès des Œuvres catholiques, institution éminemment utile, due à M. Le Boucher. Ouvert chez les RR. PP. Jésuites, à Angers, où il tint ses séances, le premier Congrès ne fit qu'une visite à l'Œuvre et la grande salle excita peut-être l'envie de beaucoup de directeurs. Le 2 octobre, l'assemblée venait dans cette modeste chapelle qui n'est plus aujourd'hui qu'un souvenir, clôturer sa session et demander à Dieu de bénir et de faire fructifier ses travaux.

Le 15 juillet 1856 une séance avait lieu présidée par NN. SS. les évêques d'Angers et de Limoges.

Le rapport dont il y fut donné lecture visait surtout les efforts faits pour la construction de la chapelle. « Il est triste, y lit-on, de n'avoir pour prier Dieu et pour tous les exercices religieux du dimanche qu'une misérable grange dont les murs abandonnent chaque fois quelque chose de leur substance sur les vêtements qui les approchent ; il est triste de s'agenouiller sur des bancs que recouvre chaque jour d'une nouvelle couche de poussière vermoulue une charpente invalide où se casernent des milliers de vers affamés. »

Si, comme nous l'avons dit en commençant, la grande salle sert aux réunions extraordinaires et abrite les jeux des enfants, elle sert aussi aux assemblées de famille. C'est là que, jusqu'à cette année

1887, s'est donné le banquet du lundi de la Pentecôte, traditionnelles agapes interrompues si malheureusement par la mort de notre vénéré fondateur, président si fidèle de cette petite solennité, revenant chaque année à l'anniversaire de la fondation de Notre-Dame-des-Champs.

C'est là aussi que les représentations théâtrales attirent souvent des foules pressées de parents et d'amis. De bien belles soirées y ont été données ; qu'il suffise de rappeler les pièces en vers intitulées : *Le Fils de Ganelon*, *les Fabius*, *les Deux Frères martyrs* (S. Donatien et S. Rogatien), *Bouvines*, etc., pour remettre en mémoire le charme de ces réunions qui ont pour but, toujours atteint du reste, d'attirer des sympathies à l'œuvre si chère et si belle de Notre-Dame-des-Champs.

En sortant de la grande salle, deux escaliers placés à chaque extrémité du bâtiment nous laissent le choix pour monter. Ce choix n'existe pas pour les associés, l'un est réservé à la première section, l'autre est réservé à l'usage des autres sections. A tout seigneur tout honneur ; commençons donc notre visite par la première section.

En prenant l'escalier réservé à cette section, nous entrons au premier étage dans le musée de l'Œuvre. M. Sommier va encore nous tracer brièvement son histoire.

LE MUSÉE

Notre-Dame-des-Champs est une Société formée en très grande partie d'ouvriers ; aussi en 1866 vint-il à la pensée des directeurs de fonder un musée industriel avec des objets fabriqués par les membres de l'Œuvre, apprentis ou experts en leur art, et qui serait comme une exposition permanente du travail.

Décidé le 29 septembre 1866, le musée a pu être ouvert le 28 octobre suivant, et montrait déjà aux regards des objets divers que n'auraient pas désavoués de très habiles ouvriers.

Une vitrine particulièrement renferme un véritable travail de patience : ce sont des figures géométriques en carton, exécutées par M. Henri Querruet, et les mêmes fabriquées en bois par M. Poutier, menuisier. L'industrie ardoisière est représentée par de nombreux échantillons dus à MM. Rohard et Brossard. M. Aug. Hyvain a donné une bourriche en osier tressé avec dessus mobile, qui n'a guère qu'un demi-centimètre de diamètre. La carrosserie et le harnachement figurent par une roue et une bride d'un fini délicat. Une clef de grande dimension prouve que, malgré les puissantes machines qui rabotent et tordent le fer, le travail à la main a encore ses habiles. M. Piau a fabriqué une cafetière économique, brevetée S. G. D. G., une minuscule machine verticale à vapeur, un compteur à eau et un soufflet pour soufrer la vigne. L'industrie des vitraux peints présente de très beaux modèles exécutés par MM. Ripoche et Grimault. M. Aug. Chaillou a offert une belle moulure dorée ; MM. Geslot un modèle de girouette pour château et son frère, M. F. Geslot, une belle paire de sandales. M. Joubert, aujourd'hui officier de cavalerie, a laissé un charmant souvenir de son passage à l'Œuvre en exposant un devant d'autel en application. M. Landelle a donné une *Immaculée-Conception*, en tapisserie, travail de goût et de grande patience.

La littérature et les arts occupent aussi, dans le musée, une large place. Une vitrine renferme de nombreuses brochures dues à la plume de M. Henry Jouin, un des fondateurs du musée. Qu'on nous permette, à cette occasion, d'exprimer l'espoir que M. Jouin ne laissera pas isolées les productions qu'il nous a données et que son attachement pour la Société lui inspirera de combler, par un nouvel envoi, les vides de l'espace que nous lui avons réservé. Une très belle copie d'un tableau d'Ary Scheffer, *saint Augustin et sainte Monique*, nous a été laissée par M. Bruneau, et deux dessins au crayon, une *lionne* et un *cheval*, par M. Pinguet. Une peinture de fleurs, tableau sur toile, est l'œuvre d'un autre artiste, M. Pierre Rouault. M. Rouillard a doté le musée du buste de M. d'Arbois de Jubainville, ancien directeur, mais là ne s'est pas borné son travail ; dans le jardin les statues des saints Donatien et Rogatien sont encore une des productions du même artiste et dans la chapelle ont trouvé place aussi le médaillon de M. d'Arbois et le buste de M. Le Boucher. MM. Rideau et Raimbault nous ont laissé, comme souvenirs, plusieurs compositions de musique religieuse.

M. Raphaël Brugiotti a fait don à notre musée de moulages de médaillons et de têtes d'animaux.

Nous possédons aussi les petits bustes de Daguerre, Gutenberg, Puget et Volta.

Dans ce rapide aperçu, bien des oublis ont dû se produire, mais nous espérons qu'on nous les pardonnera. Qu'il nous soit permis d'espérer que les Sociétaires actuels ne voulant pas laisser tout l'honneur à leurs devanciers viendront, eux aussi, apporter leur concours à l'accomplissement d'une œuvre qui restera un témoignage de l'habileté et du savoir professionnel des jeunes ouvriers de Notre-Dame-des-Champs.

Quittons le musée, tout intéressant qu'il

nous paraît, et traversons successivement trois salles d'égales grandeurs, mais dont l'aménagement laisse de suite apercevoir qu'elles n'ont pas la même destination.

La salle la plus rapprochée du musée est réservée à la première section et, bien qu'elle ne soit séparée de celle de la deuxième section que par deux portes vitrées, rarement fermées à clef, il existe une barrière morale telle, que les jeunes gens de la deuxième section ne songent même pas à pénétrer dans l'aréopage de l'Œuvre, sans invitation spéciale.

Une seconde salle est donc destinée à la deuxième section, et enfin dans une troisième se trouvent réunies les troisième et quatrième sections. Puis, nous arrivons au second escalier dont nous avons parlé, à l'usage des sections inférieures.

Grâce à cette heureuse disposition, les âges différents, accompagnés de goûts et de jeux différents, ne sont nullement mêlés ni gênés, et l'ordre ne cesse de régner dans la Société, en même temps que la bonne harmonie.

Arrivés à l'escalier, nous le descendons ensemble, le second étage n'offrant aucuns charmes. Dans les greniers est toujours accumulé ce qu'une maison recèle de moins curieux ; près du grenier se trouve, il est vrai, le costumier ; mais outre que cette situation élevée est peu favorable pour les représentations, il ne contient plus guère, hélas! que des défroques tout au plus bonnes pour jouer le rôle de l'avare. C'est que tout s'use, les costumes encore plus vite que le reste. Le remède, nous le connaissons, il est argenté et doré comme les pilules des pharmaciens, mais il n'est pas à notre disposition.

De là vient qu'au lieu de monter nous descendons et nous arrivons dans la cour, près du bâtiment du contrôle. Là se trouve un charmant petit jardin avec rocailles, cascades, jets d'eau, etc. C'est là l'emplacement de notre ancienne chapelle et du bâtiment qui a précédé notre palais. Aussi ce jardin est-il devenu presque un sanctuaire, par les souvenirs qui se rattachent à cet emplacement et par la présence des statues des saints Donatien et Rogatien qui dominent ce petit oasis. Ces statues, bénites le 29 mai 1882, sont dues au ciseau de M. Rouillard. Si nous récapitulons les œuvres que nous devons à notre sociétaire : médaillon de M. d'Arbois dans la chapelle, buste de M. Le Boucher dans la chapelle également, buste de M. d'Arbois dans notre musée, le grand groupe des deux saints martyrs, dans le jardin, le petit groupe des mêmes saints dans notre chapelle de la cité, nous sommes heureux et fiers de posséder parmi nous un talent qui produit dans la proportion louée dans le serviteur cité dans l'Evangile.

Enfonçons-nous dans la cour et nous arrivons au salon vert.

SALON VERT

Dans une plaidoirie célèbre par son originalité, un avocat défendait un client accusé comme coupable d'empoisonnement par l'arsenic. Les recherches médico-légales avaient, par l'appareil de Marsh, décelé la présence de la substance toxique par l'anneau arsenical; les preuves étaient accablantes, mais un avocat n'est jamais à court d'arguments :

« Messieurs les jurés, dit il à peu près en ces termes dans sa conclusion, je ne puis nier la présence de l'arsenic dans les matières soumises à l'examen médical... Mais l'arsenic, vous le savez, entre dans la composition d'un grand nombre de substances vertes. Dans la composition du plus beau vert employé par la peinture (le vert de Vienne), entre l'arsenite de cuivre. Ces fauteuils verts, s'ils étaient soumis à l'expérience, donneraient peut-être des traces d'arsenic. Même chose de ces rideaux, et même chose surtout de cette tapisserie verte qui pare ce prétoire de la justice... Que dirai-je, si dans vos demeures se retrouvent les mêmes couleurs vertes ? Et si vous veniez à mourir après avoir respiré un air en contact avec ces substances vertes, peut-être trouverait-on, à l'examen, des taches arsenicales !!... » Surprise, stupeur des membres du jury... et peut-être acquittement du coupable....

Si notre avocat eût plaidé dans notre salon vert, il n'eût pu employer le même argument ; ici nulles tentures, nulle tapisserie, nul tapis capable de supporter une imputation malfaisante, notre salon vert devait sa dénomination à la voûte formée par des branches d'arbres verdoyants, et à la présence d'un magnifique tapis de gazon vert qui invitait au repos ; et à l'examen chimique la substance verte (la chlorophylle), des feuilles et des brins d'herbes ne peut déceler rien de compromettant pour l'hygiène et pour la réputation des habitués du salon vert. M. Sommier, dont les documents nous sont si utiles, va compléter notre connaissance sur la salle verte.

LA SALLE VERTE

Près de l'entrée, du côté du chemin de fer, existe encore aujourd'hui ce qu'on appelait autrefois la salle verte. C'était là que se terminaient nos soirées d'été. Une table au milieu, des chaises pour M. Le Boucher, le sous-directeur, l'aumônier et les personnes qui venaient visiter l'Œuvre, deux bancs de verdure étagés et circulaires occupés par les associés, la fraîcheur et l'ombre après de chaudes journées, un peu de fatigue chez tout le monde et le besoin de repos succédant au mouvement excessif voulu par les jeux de course, de barres et autres, telle était la salle verte peu de temps avant que nous ne quittions Notre-Dame-des-Champs pour rentrer dans nos familles. C'était avec bonheur que nous nous y retrouvions, car, chaque fois, un récit intéressant éveillait notre attention, une histoire provoquait des explosions de rire et, ce qui ajoutait au charme de ces réunions, c'est que de nouveaux orateurs se succédaient tous les dimanches. Nos aumôniers, les RR. PP. Jésuites avaient leur tour, et ceux qui les ont entendus se rappellent encore avec quelle amabilité ils clôturaient ces journées pendant lesquelles ils ne s'étaient pas ménagés et nous avaient déjà parlé à la chapelle.

Auxiliaires dévoués de M. Le Boucher, les PP. Jésuites venaient régulièrement chaque dimanche, et rappeler les noms des PP. Bigot, Heymann, Richard, Foucaut, de Poulpiquet, Le Gall et d'autres, c'est évoquer le souvenir du dévouement et de la bonté. Beaucoup comme M. Le Boucher ont reçu de Dieu la récompense de leurs travaux et, si maintenant ils ne nous parlent plus dans la salle verte, ils sont du moins dans le ciel, les protecteurs de ceux qui leur gardent un reconnaissant souvenir.

Qu'est devenue la salle verte?

Elle existe toujours; mais, signe des temps, ce n'est plus un salon paisible où l'on écoute le récit des voyageurs et les anecdotes émouvantes des chasses et des batailles; les Sociétés de tir ont donné d'autres goûts aux jeunes gens; ils veulent respirer l'odeur de la poudre. C'est ce qui explique que notre salon vert soit maintenant un salon de tir à la carabine; mais, comme pour lui le cumul n'est pas défendu, en souvenir de notre cher passé, il reprendra, à la saison d'été prochaine, son ancienne destination, chaque jeudi... Et M. des Rivières charmera son auditoire d'écoliers par de charmants récits (les histoires d'Amérique ont tant d'attraits), qui feront aimer de nouveau le salon vert comme salon de narration.

Dans le fond de notre jardin, la statue de saint Joseph préside à nos récréations. Elle fut bénite le même jour que celle de la sainte Vierge dont nous allons parler.

Continuant notre promenade nous retrouvons une magnifique statue de la sainte Vierge en fonte devant le grand bâtiment. Une souscription ouverte parmi nos Sociétaires et nos bienfaiteurs en a bien vite couvert les frais et nos annales, par l'intermédiaire du *Moniteur de Notre-Dame-des-Champs*, nous apprennent que cette statue devait perpétuer le souvenir du 25e anniversaire de la Société de Notre-Dame-des-Champs, célébré le 17 septembre 1876. Vingt associations ouvrières catholiques, soit du diocèse, soit des diocèses voisins, les unes et les autres sœurs de Notre-Dame-des-Champs, avaient envoyé des députés à cette « fête de famille ».

Rien n'y manquait : la fête fut ouverte par la messe célébrée par le R. P. Leclerc, alors directeur; vers onze heures, de joyeuses volées annoncent l'arrivée de M. Le Boucher, curé de Beaufort, père et fondateur de Notre-Dame-des-Champs.

Pendant le dîner, un télégramme du cardinal Antonelli transmet les bénédictions du Saint-Père.

Vers quatre heures, de nombreux vivats annoncent l'arrivée de Mgr Freppel. Sa Grandeur, dans un discours en plein air, montra la fécondité de l'Œuvre angevine, vraie mère des Congrès que l'on a vu se réunir depuis vingt ans, d'un grand nombre de Patronages et d'associations catholiques, mère aussi par son règlement de la grande institution des *Cercles catholiques*.

Ce fut Monseigneur qui, au milieu de cinq cents jeunes gens, bénit notre magnifique statue, souvenir de ce 25e anniversaire.

Cette statue n'est pas le seul témoignage de l'affection de nos bienfaiteurs et de la générosité des membres de l'Œuvre, d'autres attestant encore sa vitalité.

Le 20 septembre de l'année 1874, avait eu lieu la bénédiction d'une bannière magnifique, tribut volontaire que s'imposèrent à peu près les mêmes cœurs généreux. Ce jour-là, il y eut ascension d'un ballon, ou mieux essais d'ascension; il faut lire le récit émouvant de la fin prématurée de ce pauvre colosse. La plume toujours si goûtée de M. le chanoine Picherit, narrateur de cette fête, nous apprend que cette fin fut une *crémation*. On n'eut pas besoin du four du Père-Lachaise.

A l'occasion de cette fête, Mgr Freppel avait distribué, à une douzaine de jeunes gens, la médaille d'honneur, décernée à ceux-là seulement qui ont passé sept années continues dans l'Œuvre depuis le jour de leur réception à titre de Sociétaire.

En 1874, la plume de M. le chanoine Picherit nous aidait à conserver le vivant souvenir de cette magnifique offrande de la charité, et sa bourse nous réservait, en 1886, comme splendide complément de la bannière, un riche et gracieux brancard, un des principaux ornements de nos processions.

2° CE QUE NOUS SOMMES

Après cette revue passée de tout ce qui nous entoure, il est temps de nous occuper de ce qui constitue la partie la plus intéressante de notre Société ; celle pour laquelle tout le reste a été, pour ainsi dire, créé. Cette partie, c'est nous-mêmes.

1° Que sommes-nous ? et qu'avons-nous de spécial ?

2° Quels sont nos moyens d'émulation et de fonctionnement ?

1° *Que sommes-nous ? et qu'avons-nous de spécial ?*

Nous sommes une *grande famille.*

Notre famille comprend depuis le grand père jusqu'au petit-fils.

Nos aînés ont près de 60 ans, et nos plus jeunes ont parfois quelques heures au moment où nous les inscrivons sur les registres de la famille.

Un coup d'œil rapide sur nos Sections rendra plus clair cet exposé :

La première Section (Section de Notre-Dame-des-Champs), est instituée pour les membres de notre Société qui ont dépassé 21 ans ;

La deuxième Section (Section Saint-Joseph), comprend les jeunes gens de 17 à 21 ans ;

La troisième Section, sous le vocable de saint Louis de Gonzague, comprend les jeunes gens de 16 à 17 ans;

La quatrième Section comprend les adolescents de 12 à 16 ans (Section des Saints-Anges).

Viennent ensuite les écoliers.

Et enfin les enfants des Sociétaires compris sous la dénomination de *petits agrégés*, depuis leur naissance jusqu'à 10 ans.

Telles sont les grandes divisions.

Chaque Section se subdivise :

La première en aspirants et en Sociétaires,

La seconde en aspirants candidats et Sociétaires,

La troisième et la quatrième en aspirants candidats agrégés.

Les écoliers eux-mêmes ont des subdivisions analogues.

Toutes ces divisions et ces subdivisions ont véritablement leur raison d'être; ce n'est pas l'amour de *la bureaucratie* si répandu, dit-on, en France qui les a fait créer.

Sans doute, le petit agrégé peut rester sur nos pelouses à côté de son papa et de sa maman et là jouer et babiller; mais en dehors de cela, les caractères, les goûts, les jeux varient suivant les âges. Grouper ensemble les âges qui ont le plus d'analogie, de conformité de goûts, leur donner une salle où ils trouvent des jeux qui correspondent à ces goûts, semble la conclusion la plus conforme à la logique et par suite la plus pratique.

Chaque Section a donc sa salle spéciale.

Pour la première Section un jeu de boules et un jardin-pelouse sont en outre réservés.

La seconde Section qui commence à manifester quelques-uns des goûts de la première, possède un jeu de boules qui prépare les bons joueurs de l'avenir.

Pour tous, une immense cour de récréation reste à volonté commune.

Voilà donc, les grandes divisions légitimées; mais pourquoi tant de subdivisions? Laissez-nous, chers lecteurs, ajourner la réponse, vous la trouverez péremptoire quand nous parlerons de nos moyens d'émulation. Dès maintenant, considérons *ce que notre Œuvre a de spécial.*

Tout d'abord *c'est une Société* et *ce n'est pas un Patronage*. Si nous éloignons cette dénomination, c'est uniquement parce que la dénomination de Patronage éveille tout naturellement l'idée de jeunesse. Les membres actifs d'un Patronage ne dépassent guère vingt ans, et le mariage surtout les fait passer dans les membres honoraires.

Chez nous, il n'en est pas ainsi; ni notre majorité, ni notre mariage ne nous enlèvent un titre auquel nous tenons tant et que nous ne regardons pas comme purement honorifique ; notre coopération à l'Œuvre est offerte et assurée aux directeurs, ils le savent et ils s'en félicitent.

Le tirage au sort lui-même ne nous enlève que momentanément et à notre famille et à notre Société, car, en même temps que nous venons reprendre notre place au foyer domestique, nous nous hâtons de reprendre notre rang dans l'Œuvre.

Le titre de membre honoraire, nous le réservons de plus en plus à ceux de nos co-sociétaires qui cessent d'habiter à Angers.

Outre l'immense avantage qu'offre cet état de choses, de ne pas priver les directeurs d'exemples et de coopérations si utiles pour l'Œuvre, il est une raison encore plus intime.

On a reproché à nos œuvres catholiques *de détruire la famille.*

Ce reproche, aucune de nos œuvres, assurément, ne le mérite ; mais, sans vouloir entrer ici dans une polémique qui nous entraînerait trop loin, disons que notre Société ne *peut encourir même l'ombre de ce reproche.*

Le Sociétaire marié n'est pas obligé de venir seul à l'Œuvre. Sa famille tout entière peut l'accompagner. L'heure de la prière nous trouve tous réunis à la chapelle et, pendant nos heures de délassement et de repos, des salles et un espace isolés nous permettent de jouer au billard et aux boules pendant que nos enfants prennent leurs ébats sous l'œil maternel.

Nous craindrions d'enlever à ce tableau ce qu'il a de charmant et de pittoresque, si nous ne citions ici, successivement, deux articles qui ont paru dans le *Moniteur de Notre-Dame-des-Champs* (journal mensuel que nous recommandons à nos bienfaiteurs et à nos amis, il initie à la vie de l'Œuvre, racontant souvent un glorieux passé et faisant part des beaux projets de l'avenir). Le premier article annoncé est dû à la plume de M. Peltier Victor, sociétaire de Notre-Dame-des-Champs; le second article est signé M. L., mais, en se cachant sous le voile de l'anonyme, le spirituel auteur a oublié que le style c'est l'homme, et nous voyons trop souvent le Sociétaire pour ne pas reconnaître son style. Entre nous donc, nous prononçons le nom de l'auteur; l'engagement que nous avons pris, en recevant cet article, nous force, malgré nous, à ne pas déchirer, en faveur des lecteurs, le voile si transparent pour nous.

LA FAMILLE *A* OU *DE* NOTRE-DAME-DES-CHAMPS

Devais-je écrire : *La Famille à Notre-Dame-des-Champs* ou : *La Famille de Notre-Dame-des-Champs?* J'ai hésité, douté, et... me suis abstenu de donner un titre à cet article ; à vous, chers lecteurs, de lui en appliquer un, après lecture, si toutefois... mais je ne veux pas supposer que vous ne me lirez pas jusqu'au bout.

Je me suis quelquefois demandé ce que penserait un Canaque quelconque, transporté tout à coup dans notre enclos par la baguette magique de notre ami G. C., si à sa question bien naturelle : Où suis-je ? il lui était répondu : Vous êtes à Notre-Dame-des-Champs, dans une Société de jeunes gens.

Notre homme regarde, se frotte les yeux, regarde encore et s'écrie : « Des jeunes gens, j'en vois, et beaucoup, mais ces bébés roses, ces mignons bambins, ces mamans souriantes, ces hommes barbus, sérieux et graves comme les pères conscrits de l'ancienne Rome (c'est un Canaque civilisé qui parle), est-ce que ce sont aussi des jeunes gens ? — Ah ! pardon, j'oubliais de vous dire que c'est aujourd'hui fête, nous sommes en famille. »

Nouvelle stupéfaction de notre visiteur : « En famille ! mais expliquez-moi ? »

— Voici, c'est bien simple.

A Notre-Dame-des-Champs, et s'appliquant à la lettre la devise de nos œuvres : *Sint unum*, anciens et nouveaux, jeunes et vieux ne font qu'un, tout est commun, joies et peines, et notre Société est véritablement une famille dont tous les membres sont les enfants.

Les aînés, ce sont ces hommes graves. Ils ne l'ont pas toujours été graves ; et il y a dix ans, vingt ans, trente ans et plus, ils étaient les jeunes d'alors, et la Société n'avait pas de membres plus assidus et plus fidèles. Ils étaient l'Œuvre, et l'Œuvre s'incarnait en eux ; elle abritait et sauvegardait leur jeunesse, ils lui conservaient en retour tout leur dévouement et tout leur zèle. Depuis, ils ont grandi, vieilli ; leurs cheveux ont blanchi, mais le cœur resté jeune n'a pas changé. De nouveaux devoirs, d'impérieuses obligations ont pu les éloigner, mais les liens qui les unissent à l'Œuvre n'ont pu se rompre et, fidèles aux affections de leur jeunesse, ils ont su sans en négliger aucun, concilier les devoirs d'état et de famille avec les sentiments de reconnaissance qu'ils ont voués à la Société.

Aussi, les voyons-nous souvent reprendre ce chemin que naguère ils parcouraient chaque dimanche et venir, non plus seuls, cette fois, mais accompagnés de leurs épouses, précédés de leurs enfants, se reposer et se récréer au spectacle des ébats des jeunes de la famille. Parfois, oubliant ou voulant oublier leur âge, vous les verrez se jeter à corps perdu dans la mêlée d'une partie de barres ou de ballon. Hélas ! le lendemain, une courbature leur rappelle durement qu'ils n'ont plus quinze ans ; leçon bien inutile, car vous les verrez recommencer à la prochaine occasion.

Notre-Dame-des-Champs est bien véritablement une famille. Voyez ces charmants bébés, nos futurs sociétaires, ébauchant sous l'œil attendri de leurs mères, une de ces solides et durables amitiés qu'ils noueront plus tard sous la protection de Marie, et qui perpétuera celle qui a uni leurs pères.

Voyez quelle affectueuse sympathie, quelle cordiale intimité se sont établies entre ces jeunes mères, hier encore inconnues les unes aux autres.

Voyez, dans nos fêtes religieuses, nos associés confondre leurs rangs et leur âge au pied de la Table Sainte et, touchante union, les fils prendre place au banquet sacré aux côtés de leur père. Tous, d'un seul cœur, d'une seule âme, prient les uns pour les autres ; ils appellent les bénédictions du ciel sur la famille de Notre-Dame-des-Champs.

Si vous assistez à nos fêtes profanes,

voyez comme petits et grands, à l'envi, apportent, à défaut de talent, une bonne volonté, un dévouement, un entrain qui ne se ralentissent jamais. Il s'agit, en effet, de maintenir nos vieilles traditions, il s'agit d'assurer le plaisir de tous, il s'agit enfin de distraire et d'amuser la famille de Notre-Dame-des-Champs.

Avez-vous eu la bonne fortune d'assister à l'une de nos réunions intimes, en particulier à notre banquet traditionnel du lundi de la Pentecôte ?

Alors vous avez vu nos sociétaires, anciens et nouveaux, faisant cortège au vénéré et à jamais regretté fondateur de l'Œuvre, se presser autour de lui et le saluer de leurs joyeuses acclamations ; vous avez été témoin de la franche et communicative gaieté, de la cordiale simplicité qui présidaient à ces fraternelles agapes. C'étaient des enfants qui fêtaient leur père, c'était la famille de Notre-Dame-des-Champs, unie dans un même sentiment de respectueuse et filiale reconnaissance.

Nous sommes en famille à Notre-Dame-des-Champs, qui donc en pourrait douter, en voyant l'affection bienveillante d'un côté, respectueuse de l'autre, qui unit les directeurs aux associés et à leurs familles ? Qui donc oserait le nier, en voyant les liens étroits qui unissent entre eux ces enfants, ces jeunes gens et ces hommes ? Ceux-ci, les jeunes, apprenant les traditions de l'Œuvre, son passé glorieux et se promettant de suivre la voie tracée par leurs aînés ; ceux-là, les anciens, joyeux de voir le présent répondre au passé, et la Société s'accroître et se développer grâce au dévouement et au zèle de ceux qui sont venus après eux. Tous sont unis par de cordiales et affectueuses relations, tous sont heureux de cette amitié vraiment fraternelle qui a germé et s'est développée sous les auspices et sous la protection de Notre-Dame-des-Champs.

N'est-ce pas parce que nos associés se considèrent comme les membres d'une même famille, que la joie des uns fait la joie des autres, et que, si le malheur vient à fondre sur l'un d'eux, tous l'entourent de leurs plus affectueuses sympathies? N'avons-nous pas une preuve éloquente de cette union dans le résultat magnifique de la souscription ouverte en ce moment à l'Œuvre. Les sociétaires de la première heure comme les derniers admis, les uns éloignés, les autres présents, tous ont répondu à l'appel qui leur a été fait, affirmant ainsi leur reconnaissance pour le Père que nous regrettons et que nous pleurons, et la solidarité qui lie tous les membres de la famille de Notre-Dame-des-Champs.

Conservons précieusement et pieusement ces sentiments de reconnaissance, d'affection, d'amitié vraie qui nous lient à l'Œuvre et nous unissent entre nous ; que Notre-Dame-des-Champs soit toujours pour nous une famille, et soyons toujours en famille à Notre-Dame-des-Champs, nous réaliserons un vœu bien cher de notre vénéré fondateur.

Quelques jours avant sa mort, en effet, M. Le Boucher, dans la joie de voir encore une fois réunies sous son toit les œuvres sœurs, Notre-Dame-de-Beaufort et Notre-Dame-des-Champs, exprimait le désir d'y voir aussi les familles des sociétaires, sauf, disait-il sous forme plaisante, les enfants qui ne pourraient être à table. Encore, ajoutait-il, je tâcherais de me procurer des berceaux pour ceux-là. Nous serons deux cents, quelle belle fête, quelle belle réunion de famille ce sera !

Cette satisfaction ne lui a point été donnée et pourtant déjà son dernier désir s'est réalisé en partie : Un fleuron de plus a été ajouté à la couronne de Notre-Dame-des-Champs, et l'Association des petits agrégés, comprenant tous les enfants des sociétaires, âgés de moins de dix ans, est aujourd'hui fondée. Ces chers enfants apprendront ainsi de bonne heure à connaître et aimer l'Œuvre, à laquelle beaucoup appartiendront plus tard, nous nous réjouirons en songeant qu'un jour ils nous y remplaceront, ce sera un lien nouveau qui nous y attachera, et quand nous nous y trouverons avec nos petits agrégés, souvent, il faut l'espérer, on pourra dire en toute vérité, de tous ceux qui, à des titres divers, feront ainsi partie de la Société : *Voilà la famille de Notre-Dame-des-Champs ; voilà la famille à Notre-Dame-des-Champs.*

VICTOR PELTIER.

UNE PARTIE DE BOULES A NOTRE-DAME-DES-CHAMPS

Le jeu de boules ! Dire que ces quatre mots si simples font dresser l'oreille à nombre d'hommes parfaitement exempts de passions, d'ailleurs. Qui croirait que ce jeu si innocent en soi passionne de braves gens jusqu'au point de les faire rester debout, les jambes écartées, l'œil rivé sur le maître, et cela sous trente-cinq degrés de chaleur, pendant cinq ou six heures consécutives. Les bonnes gens ! Quelles riches natures ! Ils forment un groupe vraiment homérique et, pour ma part, j'ai plus de plaisir à les admirer qu'à faire la partie avec eux.

Mais silence ! La pièce traditionnelle a désigné le sort ; on forme les camps ; l'appel commence. Il est d'une importance capitale de choisir premier, car là est un joueur émérite, d'une supériorité incontestée, d'une valeur que soixante ans de pratique et d'expérience ont consacrée : un demi-dieu du jeu de boules. On se l'arrache, et quand par bonheur on le possède, on se croit déjà vainqueur. Puis l'appel se poursuit par ordre de capacité; aussi n'est-il flatteur que pour les premiers élus. Bientôt il ne reste plus que les débutants et les inhabiles ; d'un air indifférent, les chefs de camp les regardent, les comptent, en forment deux lots et, sans égard pour l'amour-propre des intéressés, mettent autant d'insouciance à choisir leur lot que s'il s'agissait d'une vulgaire poignée de pommes à cidre.

Ces non-valeurs d'un nouveau genre ont dû faire provision d'humilité avant de se présenter. A voir leur air timide et réservé, la facilité, la grâce même avec laquelle ils acceptent les pointes qui leur sont prodiguées, on jurerait qu'ils ont le meilleur caractère du monde.

Enfin la partie commence. Le premier qui joue s'appelle le couvreur, non pas frère couvreur, comme en maçonnerie, car c'est bien plutôt un père, et un vieux encore, qui est choisi pour remplir cet office, lequel exige des nerfs parfaitement calmes et un sang légèrement mitigé de sirop de calabre.

Mais voici une boule bien jouée qui exige un tireur. Le tireur a toujours un tempérament ardent qui rappelle plus ou moins le capitaine Fracasse. Il est l'effroi de la galerie. Instinctivement on lève les jambes quand on le voit sur le point de jouer. On se voudrait perché dans un arbre. J'ai remarqué que les hommes d'un caractère doux et tranquille tirent peu, et toujours très mal.

En voici un qui se prépare : on le dit de Saint-Léonard. Ses cheveux se dressent, sa moustache se hérisse ; il roule des yeux féroces ; sa figure, en cet instant, donnerait la chair de poule à un gendarme ; il se replie sur lui-même, se raidit et lance sa boule comme un ouragan. Hélas ! la traîtresse a trompé son attente : il n'a rien attrapé... que les plaisanteries de la galerie, qui se venge ainsi de la frayeur qu'il a causée.

Rien de fait ; c'est le tour d'un autre. Celui-là un grand, sec, nez israélite, sourcils en voûtes de cathédrale, avec des yeux petits, noirs et très enfoncés. Il est très grand, et cependant il monte sur la bande du jeu et se dresse encore sur la pointe des pieds. Il est le plus grand et joue toujours la plus petite boule — amour du contraste, sans doute. — En ce moment où il s'apprête à tout pourfendre, il ressemble assez au moulin à vent de la route de Paris, qui n'a plus qu'une aile gigantesque pointée vers le ciel, mais son aspect est si terrible que Don Quichotte lui-même en pâlirait d'épouvante. Sa boule s'échappe de ses mains avec la rapidité d'une flèche, frappe le maître et les boules ennemies, qu'elle disperse à tous les vents, bondit hors du jeu, heurte le rouleau et va se perdre dans les profondeurs de la tonnelle. C'est un succès... foudroyant.

Puis c'est un petit noirot — on le dit frère du grand tireur, — un joueur indépendant, celui-là, qui n'écoute jamais les conseils de personne, se permet les coups les plus fantaisistes qui se puissent imaginer, fait souvent des brioches, dérange tout le jeu, reçoit les malédictions de tout son camp en clown philosophe, fait deux ou trois grimaces, autant de pirouettes, et se fait pardonner sa faute par un succès de fou rire.

Bientôt c'est le tour d'un myope, un vrai, celui-là, au nez agrémenté d'un binocle. Il demande toujours où est le maître, qu'il ne peut jamais voir, même quand on le lui désigne; aussi il joue toujours au hasard sur la plus grosse boule qu'il aperçoit; à peine sa boule lâchée, il court bien vite voir le résultat de son coup, et manifeste toujours le même étonnement du même insuccès.

Enfin ce sont les non-valeurs... Dieux! Quelle avalanche de conseils et de recommandations contradictoires : — Jouez une longue. — Non, une courte. — Mettez fort bas. — Prenez garde de terrer. — Un peu de bande. — Campez-vous ; plus que cela ; encore. — Surtout, jouez doucement. — Ne touchez rien, vous nous l'enlèveriez. Hélas ! c'est ce dernier conseil qui est toujours suivi : le pauvre novice ne touche jamais rien, vu qu'il reste à moitié chemin. Alors, pour l'encourager et le récompenser de son obéissance passive, on lui dit que c'est très bien, que ça vaut mieux que de faire des brioches, et le débutant, bon enfant, accepte cela comme un compliment.

Mais tout bruit a cessé comme par enchantement. Le docteur ès boules se prépare à jouer ; il se réserve toujours pour la fin, soit pour réparer les erreurs de ses partenaires, soit pour écraser ses adversaires par un coup de maître. Il est campé, immobile, traçant des yeux la ligne que sa boule doit parcourir et calculant, avec une précision mathématique, le point déterminé où elle doit s'arrêter. Le jeu de boules, pour lui, n'a point de secrets : la couverture et le tirage ne l'embarrassent en aucune façon ; les bandes et les doubles bandes, les longues avec fort haut et fort bas, les tirs droits et les tirs courbes sont pour lui jeu d'enfant ; il n'y a rien, jusqu'aux paraboles les plus compliquées, qui ne soit pour lui une cause de succès.

En revanche, comme tous les instruments d'une grande précision, il est d'une sensibilité incroyable. Une mouche qui vole, une feuille qui tombe, un joueur qui parle ou une dame de la galerie qui éternue, en voilà bien plus qu'il n'en faut pour lui faire manquer le plus beau coup; aussi personne ne respire plus dès qu'il entre en scène.

Enfin la partie est terminée. D'un côté des visages rayonnants, une gaieté bruyante qui se traduit par des lazzis, des quolibets, des plaisanteries qui échappent en feu roulant. C'est le triomphe tapageur et impitoyable des vainqueurs. D'un autre côté, les nez s'allongent, on accepte les plaisanteries humblement, sans esprit de révolte, comme un châtiment mérité, quelques-uns même avec une certaine grâce, car on voit s'esquisser çà et là quelques sourires... un peu jaunâtres, il est vrai. La seule consolation qui reste aux vaincus est de se venger sur les novices. Pauvres novices! C'est bien là leur quart d'heure de Rabelais; ils en entendent de toutes les couleurs; avec quelle complaisance impitoyable on rappelle toutes leurs fautes; c'est eux qui ont fait tout le mal; sans eux on était sûr de gagner la partie, etc., etc.

On trouve de tout parmi les joueurs de boules, même des philosophes. J'en connais un qui triomphe quand son camp est vainqueur (rien que de très naturel, me direz-vous). C'est vrai, mais aujourd'hui, par exception, je le vois parmi les vaincus et il jubile ; il est battu et semble très content. Quel est ce mystère ? C'est que, nous explique-t-il, avec le plus grand sérieux du monde, ce que le vulgaire appelle sa défaite est une des plus belles victoires morales qu'il ait jamais remportées ; que la victoire morale est la certitude acquise que son jeu a été plus savant, supérieur en tous points à celui de ses adversaires, et que la chance seule a fait gagner ces derniers. La victoire morale, ajoute-t-il, est la seule vraie, la seule de laquelle on doive tenir compte, puisqu'elle est indépendante de la chance qui, au contraire, joue un très grand rôle dans la victoire matérielle.

J'étais bien convaincu de cette vérité jusqu'au jour où je rencontrai le neveu de la cuisinière de notre philosophe, lequel neveu me fit bientôt voir la victoire morale sous un autre jour. Rien de si précieux que les cuisinières, les commis-voyageurs et les perruquiers comme sources de renseignements ; il n'y a qu'eux, d'ailleurs, qui ont fait la réputation si méritée de l'*Agence Havas*. Or donc, je disais que ledit neveu me conta par le menu comme quoi la victoire morale produisait, sur le système digestif de notre philosophe, les plus déplorables effets.

« Après une victoire morale, dit-il, nonobstant son air joyeux, il mange peu, digère très mal et ne dort plus du tout. S'il

6

parvient à clore les paupières, il est aussitôt pris de cauchemars épouvantables ; il voit toujours sa boule, sa bonne boule si docile à sa main, heurtée violemment, poussée, repoussée, ballottée en tous sens, renvoyée dédaigneusement de l'une à l'autre, comme un objet de dérision, par de misérables boules qui prennent à ses yeux des proportions gigantesques, et enfin, ô comble de l'infamie ! chassée honteusement hors du jeu comme une indigne, et cela... par la boule d'un novice. Alors il se réveille dans un état d'exaspération difficile à décrire ; et dire que cette vie se prolonge quelquefois jusqu'au milieu de la semaine. »

Depuis cette révélation, je ne crois plus à la victoire morale.

O cher lecteur, toi dont la main n'a point encore touché la boule tentatrice, si tu tiens à ton sommeil, à ta tranquillité, à ton bonheur, n'essaie jamais de ce jeu pour lequel on se passionne si fortement et qui est d'autant plus dangereux qu'il paraît plus innocent.

M. L.

Conclusion : *Nous ne détruisons pas la famille.*

Pour corroborer cette vérité qui nous semble cependant démontrée, nous ne croyons pas inutile d'ajouter un coup de pinceau au tableau, en parlant un peu des enfants de nos sociétaires, inscrits sous le nom de *Petits-Agrégés*, jusqu'à l'âge de dix ans.

Le diplôme d'admission qu'ils reçoivent eux ou leurs parents, fait connaître le but de cette fondation intéressante.

En voici le texte :

TOUT PAR MARIE

ASSOCIATION DES PETITS - AGRÉGÉS

DE LA SOCIÉTÉ DE N.-D.-DES-CHAMPS

ANGERS

Cette Association a pris naissance lors de la dernière visite faite à Beaufort à M. LE BOUCHER, fondateur de la Société de N.-D.-des-Champs, à l'occasion de sa Fête (août 1886). Sa Grandeur Monseigneur FREPPEL l'a encouragée par ses paroles lors de la réception des Œuvres catholiques d'Angers (janvier 1887). — Les *Petits-Agrégés* prient les uns pour les autres, pour leurs parents et pour la prospérité de la Société de N.-D.-des-Champs ; à ces intentions ils disent chaque jour, ou leurs parents pour eux, l'invocation : *N.-D.-des-Champs, priez pour nous !*

DIPLOME D'ADMISSION

de ....

Le *188*

LE DIRECTEUR :

La plume d'un Sociétaire, M. E. Marchant, va parfaire ce court exposé.

LÉGENDE HISTORIQUE

Un soir d'automne, après une journée de labeurs passée tout entière au service de Dieu et des âmes, un bon prêtre s'endormait de ce sommeil paisible et réparateur que donnent une âme honnête et une conscience en paix.

A peine le sommeil a-t-il clos ses paupières, qu'il voit défiler devant lui, en un brillant cortège, les fondations et les bonnes œuvres qu'il avait faites pendant sa vie, et son visage rayonnait parce qu'il les trouvait belles et parfaites. Son bonheur, cependant, fut de courte durée, son front ne tarda pas à se plisser et une expression d'inquiétude vint bientôt remplacer la joie de tout à l'heure. Il avait devant les yeux son œuvre capitale, celle qui lui avait coûté le plus de peines et de soins, celle à laquelle il avait consacré la moitié de son existence, son enfant gâté pour lequel il n'avait rien épargné. Il avait mis ce Benjamin de ces œuvres, sous la sauvegarde de la Reine du Ciel, et cependant, embrassant d'un seul coup d'œil toutes les phases de son existence, il y vit quelques défaillances, et son cœur s'attrista. Cette œuvre pourtant était composée de chrétiens aux cœurs pieux et vaillants, fidèles à la loi de Dieu et, c'était fièrement, sans respect humain et sans crainte, qu'ils marchaient sous leur bannière aux armes de la Mère du Christ.

Comment une armée de tels soldats, placée sous d'aussi heureux auspices, pouvait-elle défaillir ?

C'est qu'il lui manquait une réserve pour devenir définitivement invincible.

Cette réserve, il lui fut donné de la voir sous la figure d'un bataillon de petits chérubins, revêtus de la robe blanche immaculée de leur baptême et armés de la prière de l'innocence.

Et ces petits chevaliers de la prière, si puissants dans leur intercession pour les autres, n'avaient eux-mêmes aucun chef céleste pour les protéger, et la mort, terrible, implacable, avec tout son cortège de hideuses maladies, avait déjà fait de nombreux vides dans leurs rangs et le bataillon brillant restait encore exposé à ses coups.

A son réveil, le bon curé, un peu songeur, ne savait trop que penser de son rêve, mais après y avoir longuement réfléchi, il crut y voir un avertissement du ciel et résolut, dès lors, d'achever cette œuvre qu'il avait crue parfaite en réunissant ces deux éléments qui se complétaient l'un par l'autre, l'un donnant la prière

6.

innocente que Dieu exauce toujours et recevant en retour la protection spéciale du modèle des mères, de la Mère par excellence, si heureuse de prendre les petits anges sous sa protection et de les couvrir de son doux regard que la mort elle-même n'ose affronter.

Mais Dieu, dans sa bonté, avait jeté les yeux sur ce serviteur fidèle et prudent, il avait vu cette existence tout entière, consacrée à son culte et au service du prochain et il le jugea bon pour le ciel.

Le 7 septembre, sans agonie et sans grande souffrance, comme une fleur que l'on cueille pour en parer les saints autels, ce juste était admis à célébrer au ciel avec les élus, l'anniversaire de la naissance de la Mère du Sauveur.

Ce jour-là Beaufort eut un grand deuil.

La mort, cependant, ne devait pas détruire un si beau projet, et il devait être donné au digne continuateur de ses œuvres d'établir cette nouvelle fondation.

Un beau jour on vit éclore, dans les verts bosquets de Notre-Dame-des-Champs, une fleur d'une blancheur immaculée, d'une beauté incomparable, absolument inconnue jusque-là, vraie fleur de Paradis, don céleste de notre vénéré fondateur, on la baptisa du nom d'Œuvre des Petits-Agrégés de Notre-Dame-des-Champs.

Cette naissance fut saluée par tous avec enthousiasme; les aînés promirent d'aimer cette petite sœur de tout leur cœur et les mères de ces petits chérubins agrégés prirent le solennel engagement de les faire prier tous les jours pour que Dieu donne longue vie et prospérité à Notre-Dame-des-Champs.

Notre illustre Évêque a, lui-même, accueilli la bonne nouvelle avec grande joie et s'est engagé à venir bénir solennellement cette nouvelle institution.

Le printemps, avec ses parfums et ses fleurs, verra cette belle solennité; nous aurons ce jour, je m'en porte garant, beau soleil et grande joie, la nature et les cœurs seront en liesse, nos bocages retentiront de cris d'allégresse, et notre belle chapelle, bien grande cependant, sera trop petite pour contenir les amis de Notre-Dame-des-Champs, heureux de venir prendre leur part d'une fête qui sera l'une des plus belles et des plus touchantes dans l'histoire de notre bien chère Société.

E. Marchant.

Telle est cette institution qui ajoute au caractère spécial de notre Société.

Venez un jour de fête à Notre-Dame-des-Champs et vous verrez, à la porte de la chapelle, une véritable *station de petites voitures* enfantines, ce sont celles des Petits-Agrégés; bientôt ils sortiront tenant la main de leurs papas et suivant gravement tout le trajet de la procession, semblant avoir conscience de leur rôle présent et de leurs dignités futures, lorsqu'à leur tour ils porteront le brancard et les insignes de Marie, guidant les pas des petits Agrégés à venir.

Souhaitons donc, comme l'a fait M. l'abbé Leclerc à son dernier voyage, prospérité à cette œuvre, en proposant, avec tant d'à-propos, un toast « *à nos petites voitures* ».

2° *Nos moyens d'émulation èt de fonctionnement.*

Si chaque homme en naissant était déjà à son apogée, il faudrait à chacun une forte dose de vertu pour ne pas tomber immédiatement dans le spleen ; il faut toujours pouvoir viser plus haut.

Vous possédez déjà la clef, le motif de la multiplication des divisions et subdivisions de notre Société.

Un enfant, par exemple, entre à 12 ans. C'est assurément un encouragement pour lui de savoir qu'à 16 ans il montera d'un degré par son admission dans la troisième Section. Mais combien plus grande sera son ardeur pour le bien, s'il sait que sa bonne conduite peut, d'ici ce temps-là, lui mériter successivement deux grades qui, une fois obtenus peuvent lui être conservés à son passage dans la Section supérieure.

L'article 58 du Règlement général est ainsi conçu :

« Les candidats et les agrégés de la quatrième Section, en montant à la troisième, *y gardent leurs titres.*

« Les agrégés et les candidats de la troisième Section, en montant à la deuxième, y entrent comme aspirants, mais les agrégés *peuvent être dispensés du stage de six mois et être élus candidats de la deuxième à l'élection la plus prochaine.* »

Ajoutez à cela la possibilité d'être admis avec le titre de dignitaire dans les conseils et les charges de sa Section.

Que les directeurs d'Œuvres qui ne l'ont pas encore expérimenté essaient du système de *la multiplication des charges.* Et voici pourquoi :

Un général en chef ne peut pas tout faire par lui-même, mais, grâce aux officiers placés immédiatement sous ses ordres, qui ont eux-mêmes leurs subordonnés, en descendant la série des sous-officiers jusqu'au plus simple des caporaux, les soldats manœuvrent avec un ensemble, une exactitude dont le général n'a qu'à s'applaudir, et cela presque sans aucune fatigue pour lui, il n'a qu'à prévoir et à commander.

De même pour un directeur zélé qui réunit chaque semaine ses dignitaires, jette un coup d'œil sur le dernier champ de bataille, c'est-à-dire la journée du dimanche écoulée, examine le futur lieu de l'action du dimanche à venir, distribue son horaire, partage à chacun des fonctions à remplir, etc.... Que de fatigues, que de soucis, que de temps épargnés dont il peut disposer pour le plus grand bien des âmes qui lui sont confiées ! !

Les charges, ajouterons-nous, *assurent presque infailliblement l'assiduité* :

Un enfant, un jeune homme qui *se sent utile* à l'Œuvre, le dimanche, résistera plus facilement aux entraînements du dehors. *Que la responsabilité*, quand elle est prise au sérieux, et par les directeurs et par les dignitaires, *retient au poste de l'honneur et du devoir !*

Hâtons-nous d'ajouter, pour prévenir une objection que nous prévoyons déjà, que les charges ne sont pas à vie, mais renouvelables chaque année dans les Sections inférieures, d'après le choix du directeur. Les dignitaires peuvent être renommés s'il le juge à propos.

Les jetons de présence.

Nous arrivons à un moyen qui n'est pas sans importance pour les deux Sections inférieures : *les jetons de présence* accordés les uns pour l'assistance aux exercices du matin (sainte messe, etc.), les autres pour les exercices du soir (séance d'avis, vêpres, instruction, salut, etc.). C'est un *moyen de récompense* et un moyen de *sanction*.

Des ventes trimestrielles y font attacher une grande importance : avec eux, avec un petit carré de carton imprimé ; nous *battons véritablement monnaie*, aussi pouvons-nous, comme mesure disciplinaire, prélever des amendes en jetons lorsque cela semble nécessaire.

Si vous croyez ce moyen utile, seulement dans les *grandes villes* et dans les *grandes Œuvres*, détrompez-vous ; il nous a été donné de visiter dernièrement une Œuvre de campagne, et le vicaire qui la dirige se félicitait d'avoir emprunté au Patronage de Saint-Vincent-de-Paul ce système qui y avait, du reste, été implanté par M. d'Arbois, ancien directeur de Notre-Dame-des-Champs. Alors le Patronage si utile et devenu si important par une habile direction, ne faisait encore que de naître. Nous avons entendu bien des fois MM. Fournier et Arthuis, prôner avec raison, l'efficacité de ce moyen. Il va sans dire que ce système devient suranné à l'égard de jeunes gens de dix-sept ans et surtout à l'égard d'hommes.

Nous cessons de l'employer dès la deuxième Section, mais plus d'un jeune homme jette encore un regard d'envie, ou pour mieux dire de regrets, sur les *ventes aux enchères* qui ont ajouté quelques objets de piété, d'utilité et de luxe, à sa petite chambrette de jeune homme.

Les primes du mois.

C'est, selon nous, un moyen d'émulation encore supérieur au précédent.

Elles ne se délivrent qu'à ceux qui ont été *réguliers* à assister aux différents exercices pendant un mois.

Elles sont *nominatives* et non *au porteur*, comme les jetons et, par suite, inutiles à d'autres qu'à leur titulaire et ne peuvent s'échanger, car nous ne pouvons supposer le larcin. Elles peuvent facilement renseigner les parents sur la régularité de leurs enfants.

Nous ne croyons pas être inutiles aux directeurs qui ne les auraient pas encore employées, en donnant un spécimen de nos primes du mois :

1° Pour les écoliers,

2° Pour les jeunes gens qui appartiennent à la Société du dimanche.

SOCIÉTÉ DE NOTRE-DAME-DES-CHAMPS

TOUT PAR MARIE

PRIME POUR L'ASSIDUITÉ

Méritée par ....

MOIS D .... 18.........

DIMANCHE		**JEUDI**	
Assiduité à la Messe	**Assiduité dans l'après-midi**	**Assiduité à la Messe**	**Assiduité dans l'après-midi**
Valant..................	*Valant*..................	*Valant*..................	*Valant*..................

Total général..

LE SOUS-DIRECTEUR : LE DIRECTEUR :

SOCIÉTÉ DE NOTRE-DAME-DES-CHAMPS

TOUT PAR MARIE

PRIME POUR L'ASSIDUITÉ

Méritée par ....

MOIS D.......................................18..........

DIMANCHE

Assiduité à la Messe	Assiduité dans l'après-midi	Assiduité aux réunions du Dim. soir
Valant	*Valant*	*Valant* ....

Total général..

LE SOUS-DIRECTEUR : LE DIRECTEUR :

Les livrets de présence

Sont un moyen de contrôle qui, étant expliqué aux parents, peut être pour eux une source très utile de renseignements.

Un signe de convention, ou mieux encore la date du jour, posé dans le petit carré qui correspond au 1er, 2e, 3e, 4e ou 5e dimanche ou jeudi du mois, indique à première vue si l'enfant a été régulier.

Quel excellent moyen, quand on arrive à posséder de bons contrôleurs ! et nos Œuvres fécondes en dévouements n'en manquent jamais. Toujours heureux de fournir des renseignements utiles pour ceux qui désirent s'occuper des Œuvres de jeunesse, nous reproduisons deux de nos livrets de présence :

DIMANCHE

SOCIÉTÉ

DE N.-D.-DES-CHAMPS

DIMANCHE

TOUT PAR MARIE

Janvier						
Février						
Mars						
Avril						
Mai						
Juin						

Juillet						
Août						
Septembre						
Octobre						
Novembre						
Décembre						

SOCIÉTÉ

DE N.-D.-DES-CHAMPS

JEUDI **DIMANCHE**

TOUT PAR MARIE

Janvier					
Février					
Mars					
Avril					
Mai					
Juin					
Juillet					
Août					
Septembre					
Octobre					
Novembre					
Décembre					

Janvier					
Février					
Mars					
Avril					
Mai					
Juin					
Juillet					
Août					
Septembre					
Octobre					
Novembre					
Décembre					

Du titre de Sociétaire.

Parmi les titres à obtenir, il en est un qui fascine; il est ce qu'était, jadis, le bâton de maréchal de France, que chaque soldat portait, dit-on, dans son sac... en espérance...

Il faut tout d'abord être candidat dans la deuxième Section; on ne peut donc être reçu Sociétaire avant l'âge de 17 ans 1/2 au plus tôt.

L'obtention de ce grade qui est accompagné d'un diplôme et d'une décoration, est très difficile, jugez :

« Art. 63. — Est reçu *Sociétaire* le « jeune homme qui, ayant fréquenté la « Société en qualité de candidat pendant « au moins six mois, a réuni au scrutin « les trois quarts des voix dans l'assem- « blée des Sociétaires. »

Les Sociétaires attachent la plus grande importance à ce titre d'honneur qui impose de véritables devoirs. Un acte de consécration à la très Sainte Vierge est récité au pied de l'autel et devant le Saint-Sacrement, le jour de la réception. Cette cérémonie fait toujours une vive impression sur tous les témoins.

Ce n'est pas encore l'apogée :

« Art. 31. — Tout Sociétaire qui aura « passé sept ans dans la Société, depuis le

« jour où il a été reçu Sociétaire, pourra « être appelé à recevoir *une médaille « d'honneur.* »

Est-ce enfin l'apogée ?

Oui pour le plus grand nombre.

Car, pour l'honneur de l'Œuvre et de chacun de ses membres, les fonctions très importantes dont les dénominations suivent ne sont pas un objet d'ambition, elles ne sont pas désirées mais acceptées avec dévouement et uniquement en vue de l'intérêt général de la Société; telles sont donc les charges de président général de l'Œuvre, de vice-président, de trésorier, de secrétaire, et de présidents et vice-présidents des deuxième, troisième et quatrième Sections.

Nous ne surprendrons aucun des amis de Notre-Dame-des-Champs en publiant ici la longue liste de ceux qui, par leur longue assiduité, ont plus que mérité la médaille d'honneur.

LISTE

DES SOCIÉTAIRES DE NOTRE-DAME-DES-CHAMPS ADMIS ANTÉRIEUREMENT A L'IMPRESSION DE L'ANNUAIRE DE 1860 ET FRÉQUENTANT L'ŒUVRE AUJOURD'HUI.

	NOMS.	ADMISSIONS.	SOCIÉTAIRES.	
1	Bernard Sommier.	1851.	1er mai	1853.
2	Auguste Huet.	1855.	Assomption	1855.
3	Alexandre Velé.	1853.	Noël	1855.
4	Auguste Querruet.	1854.	Saint Joseph	1856.
5	Alfred Haffner.	1853.	Pentecôte	1856.
6	Jean Gaignard.	1854.	Assomption	1856.
7	Eugène Gardais.	1856.	Noël	1856.
8	Michel Bas.	1854.	Noël	1856.
9	Joseph Querruet.	1854.	Pentecôte	1857.
10	Louis X....	1856.	Noël	1857.
11	Auguste Hyvain.	1853.	Saint Joseph	1859.
12	Louis Chanteau.	1857.	Pentecôte	1859.
13	Isidore Bourigault.	1858.	Pentecôte	1859.
14	Louis Barillé.	1856.	Assomption	1859.
15	Charles André.	1857.	Noël	1859.
16	Louis Vezac.	1858.	Noël	1859.
17	Henri Querruet.	1858.	Saint Joseph	1864.
18	Jules Sapin.	1859.	Saint Joseph	1861.
19	Auguste Chailloux.	1859.	25 février	1872.

Ce dernier Sociétaire a été reçu après son retour de la campagne 1870-1871, dont il revint avec la médaille militaire.

Lors de l'impression de l'Annuaire de 1860, il y avait eu sur les contrôles de l'Œuvre **557** inscriptions.

NOMS

DES ASSOCIÉS FRÉQUENTANT ENCORE L'ŒUVRE, INSCRITS DEPUIS 1860 ET REÇUS SOCIÉTAIRES ENTRE 1861 ET 1880.

Victor Landelle,	reçu	Sociétaire le 15 août	1861.
Henri Querruet,	—	Saint Joseph	1864.
Alfred Poudré,	—	Saint Joseph	1866.
Joseph Travers,	—	Assomption	1867.
Victor Peltier,	—	Saint Joseph	1868.
Louis André,	—	Assomption	1869.
Joseph Creusé,	—	Pentecôte	1870.
Charles Letourneau,	—	Pentecôte	1871.
Emile Pinguet,	—	Noël	1871.
Louis Rousseau,	—	Saint Joseph	1873.
Eugène Marchant,	—	Noël	1873.
Louis Bichet,	—	Noël	1873.
Eugène Renou,	—	Noël	1873.
Pierre Rouillard,	—	Pentecôte	1874.
Alfred Cailleaud,	—	bénédiction de la bannière, 20 septembre	1874.
René Cochon,	—		
Paul Lignel,	—		
Joseph Dupont,	—	Pentecôte	1875.
Théodore Mangeais,	—	Noël	1875.
Léon Lignel,	—	Pentecôte	1875.
Jules Gay,	—	Saint Joseph	1877.
Edouard Milon,	—	Assomption	1878.
Alphonse Dupont,	—	Assomption	1879.

Nous arrêtons cette liste en 1880, puisque aucun de ceux inscrits depuis cette époque ne peut avoir droit à la distinction accordée à la fréquentation assidue pendant sept ans.

Comment ne pas aimer la Société de Notre-Dame-des-Champs qui offre, une fois qu'on y est entré, tant de moyens d'attraction, d'encouragement et de persévérance, surtout si l'on considère *la grande part de liberté* qui est faite à chacun.

Pas de séparations pénibles par le passage d'une Section dans une autre. Pas d'éloignement puisque même pour la Section supérieure, la première Section, le passage reste facultatif depuis 21 ans jusqu'à 24 ans.

Nous ne sommes pas entrés dans tous les détails de l'organisation intime de la première Section, pourtant si intéressante, et nous n'avons pas l'intention de le faire. Nous réservons ces renseignements pour les directeurs et les bienfaiteurs qui voudront nous les demander. Qu'il nous suffise de dire que ses règlements ont servi de modèle à un Cercle qui jouit, à Paris, d'une réputation méritée de parfaite organisation : le *Cercle Montparnasse.*

Pour nous, nous aimons notre chère Société, et notre plus cher désir c'est de la voir aimée par nos bienfaiteurs, de la voir aimée par de nombreuses générations de jeunes gens et d'enfants, afin que Notre-Dame-des-Champs continue à faire à d'autres le bien qu'elle nous a fait à nous-mêmes.

Pour cela, restons fidèles à la belle devise inscrite sur notre bannière :

HONNEUR ! FOI ! PATRIE !

Angers, imp. Germain et G. Grassin. — 441-88.

www.ingramcontent.com/pod-product-compliance
Ingram Content Group UK Ltd.
Pitfield, Milton Keynes, MK11 3LW, UK
UKHW020321180726
13839UKWH00002B/506